Deutschbuch

Arbeitsheft

8

Neue Ausgabe

Arbeitstechniken
Texte schreiben
Grammatik
Rechtschreibung
Texte erschließen
Lernstand testen

Herausgegeben von
Cordula Grunow und Bernd Schurf

Erarbeitet von
Jan Diehm, Cordula Grunow,
Angela Mielke, Vera Potthast
und Andrea Wagener

Inhaltsverzeichnis

☆ Aufgaben mit erhöhtem Schwierigkeitsgrad.

Du kannst dieses Arbeitsheft auch bei der **Freiarbeit** verwenden.
Mit dem **Lösungsheft** kannst du deine Lernergebnisse selbst überprüfen.

Kurzreferat und Kurzvortrag

Ein Kurzreferat (auch: Kurzvortrag) informiert knapp und präzise über einen wesentlichen Sachverhalt. Es sollte nicht länger als **fünf bis zehn Minuten** dauern.
Bevor du die Recherche aufnimmst, musst du deine Ideen sammeln und ordnen:
1. Notiere, was du bereits über das Thema weißt **(Vorwissen).**
2. Stelle **eigene Fragen** an das Thema.
Geeignete Arbeitstechniken sind ein Cluster oder eine Mind-Map.

Thema: Das Anne-Frank-Haus heute

1 a) *Überlege, was du bereits über das Anne-Frank-Haus weißt.*
Notiere dein Vorwissen.
b) Ergänze den Cluster um weitere Fragen zum Thema.

ARBEITSTECHNIK

Recherche: Informationen sammeln und auswerten
Zur Bearbeitung eines Themas solltest du möglichst **vielfältige Informationsquellen** benutzen:
☐ Printmedien: Texte aus Zeitungen, Fachbüchern, Lexika (Stadt- oder Gemeindebibliothek),
☐ elektronische Medien: CD-ROMs, Internet-Websites.
Prüfe, ob die Materialien Antworten auf deine Fragen geben: „Überfliege" Inhaltsverzeichnisse und Überschriften, lies kürzere Textpassagen und schau dir die Bilder an.
Die **Quellen,** denen du deine Informationen entnommen hast, musst du **angeben.**

2 *Recherchiere im Internet mit einer Suchmaschine. Notiere:*

a) Wie viele Einträge findest du unter dem Stichwort „Anne Frank"? _____

b) Wie viele sind es unter dem Stichwort „Anne-Frank-Haus"? _____

Sehr informative Internet-Seiten sind: www.annefrank.de und www.annefrank.org.

3 *Lies die folgenden Informationsbausteine.*
  a) Markiere Informationen, die für dein Thema
    „Das Anne-Frank-Haus heute" wichtig sein könnten.
  b) Ergänze deine Ideensammlung (S. 3).
  c) Recherchiere weitere Informationen.

1 „Eine Einzelperson wie Anne Frank erweckt mehr Anteilnahme als die Ungezählten, die wie sie gelitten haben, deren Bilder aber im Dunkeln geblieben sind. Vielleicht muss es so sein, müssten oder könnten wir die Leiden aller erleiden, könnten wir nicht leben."

Primo Levi, Schriftsteller und Überlebender von Auschwitz

2 Nach dem Krieg kam Annes Vater zurück nach Amsterdam. Er fand ein Tagebuch, in das Anne geschrieben hatte. Das wollte er nicht für sich behalten und veröffentlichte es als richtiges Buch mit dem Titel „Das Hinterhaus". Anne war oft traurig gewesen, das Einzige, was ihr dann wirklich geholfen hatte, war das Tagebuch. Sie hatte alles hineingeschrieben: ihre Wut, ihren Kummer, ihre Liebe zu Peter, ihre Ideale.

3 Das Haus, in dem Anne Frank sich mehr als zwei Jahre lang versteckt hielt, kann man besuchen. Tausende von Menschen wollen den Ort, wo Anne ihr Tagebuch schrieb, jedes Jahr mit eigenen Augen sehen.

4 „Hinterhaus" heißt der Ort, wo sich Anne Frank verstecken musste. In diesem Unterschlupf lebte sie zusammen mit ihren Eltern, ihrer Schwester und vier anderen Juden. Sie waren in Lebensgefahr. Es war Krieg und die deutsche Armee hatte die Niederlande besetzt. Jüdische Bürger wurden verhaftet und in Konzentrationslager gebracht.

Anne Frank starb mit 15 Jahren im Konzentrationslager Bergen-Belsen. Von den acht Menschen aus dem Hinterhaus-Versteck überlebte nur ihr Vater.

5 Das Versteck befand sich in einem leer stehenden Teil des Betriebs von Otto Frank. Während im vorderen Teil die Arbeit normal weiterging, hielten sich die Untergetauchten im hinteren Teil verborgen, im Hinterhaus. Der Zugang zum Hinterhaus wurde nach einer Weile durch einen drehbaren Schrank getarnt.

Den Kurzvortrag gliedern

Gliedere dein Referat in drei Teile:
- ☐ Die **Einleitung** führt zum Thema hin und weckt das Interesse des Publikums.
- ☐ Der **Hauptteil** entfaltet das Thema: Du musst deine wichtigsten Erkenntnisse logisch geordnet und informativ vermitteln. Die Inhalte müssen klar und verständlich sein, Fachbegriffe erklärt werden.
- ☐ Der **Schluss** rundet den Vortrag ab. Schließe nie mit: „Jetzt bin ich fertig!" oder „Das war's!". Knüpfe an die Einleitung an.

4 a) Entscheide, in welcher Reihenfolge du deinen Kurzvortrag über das Anne-Frank-Haus anordnen möchtest, und begründe deine Entscheidung. Du kannst

  A die Person Anne Frank als Ausgangspunkt wählen und chronologisch (in zeitlicher Reihenfolge) erzählen, wie sich das Museum entwickelt hat.

  B das Museum und seine Aufgaben beschreiben und in einem Rückblick über Anne Frank berichten.

Ich wähle die Reihenfolge _____, weil _____

_____

b) Ordne die angebotenen Zwischenüberschriften für den Hauptteil passend zu der von dir gewählten Reihenfolge. Nummeriere die Reihenfolge.

☐ Anne-Frank -Stiftung

☐ Anne-Frank-Haus – Museum in Amsterdam

☐ Über Anne Frank

☐ Das Versteck im Hinterhaus

☐ Der historische Hintergrund

☐ Politische Arbeit im Namen von Anne Frank

ARBEITSTECHNIK

Frei vortragen

Der freie Vortrag fällt dir leichter, wenn du deine Informationen gut gegliedert auf **Stichwortkarten** (Größe: DIN A6) vorbereitest. Diese kannst du locker in der Hand halten, sie dienen als Gedächtnisstütze. Gehe so vor:
- ☐ Beschrifte die Stichwortkarten einseitig und nummeriere sie durch. Markiere farbig, was zur Einleitung, zum Hauptteil oder zum Schluss gehört.
- ☐ Schreibe die Informationen kurz (nur Stichworte!) und gut gegliedert auf die Karte. Arbeite mit verschiedenen Farben: **blau** für wichtige Gedanken, **grün** für Zitate, **lila** für Fachbegriffe mit Erklärungen.
- ☐ Verwende Symbole als Gedankenstützen: *? ! →*
- ☐ Schreibe deutlich und gut lesbar.

5 Beschrifte die folgende Stichwortkarte. Die dazu notwendigen Informationen findest du auf S. 3 und auf den dort angegebenen Websites.

6 Lege auch für die anderen Zwischenüberschriften Stichwortkarten an. Arbeite in deinem Heft oder besorge DIN-A6-Karten.

> **Anne-Frank-Haus – Museum in Amsterdam**
>
> **Gründung**
> - Ort:
> - Zeit:
> - Gründer:
> - Ziele der Gründer (Stiftung):
>
> **Zitat von Primo Levi:**
> **Aktivitäten:**
> **Besucherzahlen:**
> **Adresse:**
> **Öffnungszeiten:**

> **Präsentationstechniken nutzen**
> Gerade bei einem Vortrag ist es sinnvoll, mit Anschauungsmaterial zu arbeiten, z. B. mit
> ☐ Bildmaterial,
> ☐ Gegenständen, die das Thema betreffen.
> Vermerke auf den thematisch dazugehörenden Stichwortkarten, wann du welches Material wie einsetzen möchtest.

7 *Gestalte deinen Vortrag anschaulich.*
a) Überlege, welche Abbildungen geeignet wären und wo du sie bekommen kannst.
b) Nachfolgend findest du einige Möglichkeiten, Abbildungen zu präsentieren. Notiere zu jeder der Möglichkeiten Vor- und Nachteile in deinem Heft.

A   Im Unterricht herumgeben lassen
B   auf dem Kopierer vergrößern und vorn an die Tafel hängen
C   als Klassensatz kopieren
D   eine oder mehrere Folie(n) ziehen
E   als PowerPoint-Präsentation zu Hause vorbereiten und mit Beamer präsentieren

8 *Die folgenden Einstiegsformulierungen sind gelungen. Um welche Art handelt es sich? Trage die passende Nummer ein.*

1   persönliche Aussage
2   Zitat, das zum Weiterdenken anregt
3   überraschendes Umfrageergebnis
4   beunruhigende Zahlen und Fakten
5   spannende Frage

B   *Im Zweiten Weltkrieg wurden mehr als sechs Millionen Juden von den Nationalsozialisten umgebracht. Das jüdische Mädchen Anne Frank war eine unter den Ermordeten.*
☐ *In Amsterdam gibt es ein Museum – das Anne-Frank-Haus – , das an sie erinnert.*

A   *Als ich zwölf Jahre alt war, lieh ich mir das „Tagebuch der Anne Frank" aus der Gemeindebücherei aus. Ich las das Buch in der Schule unterm Tisch und abends im Bett.*
☐ *Besonders interessierte mich das Versteck im Hinterhaus.*

C   *Der ehemalige Bundespräsident Roman Herzog sagte in seiner Rede in Auschwitz am 27. Januar 1999: Man muss „der Erinnerung eine Zukunft geben, damit sich die Vergangenheit nicht wiederholt". Erinnern*
☐ *kann man sich, wenn man sich über das Anne-Frank-Haus informiert.*

9 *a) Im Folgenden findest du ein Schlussbeispiel. Welchen Einstieg greift es abschließend auf? Trage den Buchstaben ein.*

☐ *Es gibt immer weniger Zeitzeugen, die wir befragen können. Deshalb ist es wichtig, dass es Erinnerungsstätten wie das Anne-Frank-Haus in Amsterdam gibt.*

b) Formuliere zu einem der beiden anderen Einstiege selbst einen Schluss.

_____

_____

_____

_____

_____

Berichten

- Berichtende Texte informieren über ein Geschehen, sie **beantworten die W-Fragen:**
  - **Wer** war beteiligt?
  - **Was** geschah?
  - **Wo** geschah es?
  - **Wann** geschah es?
  - **Wie** geschah es?
  - **Warum** geschah es?
  - **Welche Folgen** hatte das Geschehen? Nicht immer können alle W-Fragen beantwortet werden.
- Gib **Wichtiges** wieder und lasse Nebensächliches weg. Schreibe sachlich, berichte ausschließlich über **Tatsachen**. Vermutungen gehören nicht in einen Bericht.
- Gib die Ereignisse in der **zeitlichen Reihenfolge** wieder, in der sie sich tatsächlich zutrugen.
- Tempus ist meist das **Präteritum**. Ereignisse, die zeitlich noch vor dem berichteten Ereignis liegen, stehen im **Plusquamperfekt**.
- Berichte, die **persönlich** an einen **bestimmten Adressaten** gerichtet sind, können auch Gedanken, Gefühle und spannungssteigernde Adjektive enthalten. Persönliche Berichte geben neben Tatsachen auch Einschätzungen und Reaktionen desjenigen wieder, der berichtet.

Herbststürme: Chemie-Tanker gesunken

Der havarierte[1] italienische Chemie-Tanker „Ievoli Sun" ist 19 Kilometer nördlich der britischen Kanalinsel Alderney gesunken. Das teilte die Seepräfektur in Cherbourg mit. Der am Montag in stürmischer See leckge-
5 schlagene Tanker mit 6000 Tonnen giftiger Chemikalien an Bord sollte in einen französischen Hafen geschleppt werden. Das Schiff sank jedoch gegen 9.00 Uhr rund 15 Kilometer vom französischen Kap La Hague entfernt. Am Ort des Untergangs beobachten Schiffe und Flug-
10 zeuge, ob die Ladung austritt. An Bord waren nach Angaben der Matrosengewerkschaft 4000 Tonnen Phenyläthylen[2], 1000 Tonnen Methyl- und weitere 1000 Tonnen Isopropyl-Alkohol. Der Kapitän des Tankers hatte am frühen Morgen in stürmischer See Wassereinbruch ge-
meldet und war mit seiner 13-köpfigen Besatzung von 15 Helikoptern geborgen worden. Der Tanker kam aus dem britischen Hafen Fawley und war unterwegs nach Berre an der Rhone-Mündung. Rund zehn Monate nach dem Untergang des Tankers „Erika" vor der Bretagne löste die erneute Havarie bei Umwelt- und Tourismusbehör- 20 den Alarmstimmung und heftige Kritik aus.

www.tagesschau.de, 30. 10. 2000

1 **havariert:** gekentert, verunglückt
2 **Phenyläthylen:** *auch:* Styrol o. Vinylbenzol, Grundstoff zur Kunststoffherstellung, in gelöstem Zustand hochgiftig

---

1 *Lies den Bericht der Tagesschau über die Tankerhavarie im Jahr 2000. Markiere die Schlüsselwörter.*

2 *Beantworte die W-Fragen in Stichworten.*

Wer:	
Was:	
Wo:	
Wann:	
Wie:	
Warum:	
Welche Folgen:	

Jan und Soraya machen während der Weihnachtsferien ein kurzes Schülerpraktikum in der Redaktion der „Marschland-Nachrichten". Die Redaktion ist wegen der Ferien knapp besetzt, darum bittet eine Redakteurin die beiden, die über Nacht eingelaufenen Meldungen des Nachrichtentickers der Agentur nn – Nachrichten Nord auszuwerten.

Havarie auf der Elbe

Brunsbüttel (nn) – Um 20.00 Uhr stieß auf der Elbe bei Brunsbüttel ein Frachter mit einem Containerschiff zusammen und kenterte. Zehn Besatzungsmitglieder gingen über Bord, konnten aber gerettet werden. *02.01.07, 21:49*

Havarie mit weiterem Schiff auf der Elbe - Korrektur der Verletzten

Brunsbüttel (nn) – Ein weiteres Schiff stieß auf den Frachter „Maritime Lady". Bei der Kollision des Frachters mit dem Containerschiff gingen nicht zehn, sondern sieben Besatzungsmitglieder über Bord. Das Containerschiff ist am Bug schwer beschädigt, liegt aber bereits vor Anker. Nähere Einzelheiten wurden zunächst nicht bekannt. *02.01.07, 22:10*

Schwere Havarie auf der Elbe

Brunsbüttel (nn) – Laut Polizei stieß das Tankschiff „Sunny Blossom" um 21.15 Uhr auf das Wrack der „Maritime Lady" und schlug leck. Unklar ist, ob die Tanks betroffen sind und welche Fracht der Tanker geladen hat. Von den sieben geretteten Matrosen des Frachters „Maritime Lady" wurden drei mit zum Teil schweren Verletzungen ins Krankenhaus eingeliefert. *02.01.07, 22:30*

Havarie auf der Elbe – Unfallursache noch unklar

Brunsbüttel (nn) – Das Tankschiff war einige Stunden manövrierunfähig, konnte dann aber gegen 00.10 Uhr freigeschleppt werden und wurde in den Elbehafen Brunsbüttel geschleppt. Der Polizeichef von Brunsbüttel, Henning Harms, gibt bekannt: „Die ,Maritime Lady' sank nach der Kollision binnen 13 Minuten; die Unfallursache ist zunächst noch unklar. Sobald wir mehr wissen, werden Sie informiert." *03.01.07, 00:35*

Havarie auf der Elbe – Unfallursache

Brunsbüttel (nn) – Nach Aussage der Polizei soll das Containerschiff aus dem Nord-Ostsee-Kanal gekommen und in der Nacht zum Mittwoch mit dem auf der Elbe fahrenden Frachter zusammengestoßen sein. Unfallursache ist immer noch unklar. Henning Harms, Polizeichef Brunsbüttel, dazu: „Alkohol war nicht im Spiel." *03.01.07, 03:50*

3 *Lies die Kurzmeldungen und markiere die Schlüsselwörter.*

4 *Beantworte die W-Fragen in Stichworten.*

TIPP

Wörtliche Rede wird in einem Bericht in **indirekte Rede** (▷S. 25–27) oder in andere Formen der **Redewiedergabe** (▷S. 28–29) umgeformt.

5 Die Chefredakteurin hat Jan und Soraya gebeten, aus den Auswertungen der Agentur-Meldungen einen kurzen, sachlichen Bericht über das Schiffsunglück zu schreiben, der am kommenden Tag erscheinen soll.
a) Überarbeite Jans Bericht. Prüfe, ob er alle W-Fragen beantwortet und ob die Ereignisse in der zeitlich richtigen Reihenfolge dargestellt sind. Unterstreiche Fehler und schreibe Möglichkeiten der Verbesserung an den Rand.

Massenkarambolage: Zehn Matrosen über Bord

Gestern Nacht ereignete sich auf der Elbe nahe Brunsbüttel ein Zusammenstoß, in den nach und nach drei Schiffe verwickelt waren. Erst die *Maritime Lady*, ein Frachter, dann ein Containerschiff und zum Schluss auch noch ein Tankschiff. Die *Maritime Lady* ging unter, wobei zehn Matrosen über Bord gingen. Das Containerschiff hatte einen schweren Schaden, es konnte nicht mehr weiterfahren und ging vor Anker. Inzwischen war aber das Tankschiff gekommen und voll auf das Wrack des Frachters aufgefahren. Hierbei blieben die Matrosen der Schiffe unverletzt. Aber das Tankschiff hatte ein Leck, wobei man anfangs nicht wusste, ob ein Tank auslief. Das wird man in den nächsten Tagen sehen. Henning Harms, Polizeichef von Brunsbüttel, sagt dazu: „Alkohol war nicht im Spiel. Sobald wir mehr wissen, werden Sie informiert."

b) Überarbeite Sorayas Bericht. Achte auf das Tempus und einen angemessenen Schreibstil. Unterstreiche Fehler und schreibe Möglichkeiten der Verbesserung an den Rand.

Schiffsunglück auf der Elbe: Drei Verletzte

In der Nacht vom 2. auf den 3. 1. 2007 ereignete sich auf der Höhe des bekannten Elbehafens Brunsbüttel ein ziemlich schweres Schiffsunglück. Ein Containerschiff hat den Nord-Ostsee-Kanal verlassen und ist unglückseligerweise mit dem Frachter „Maritime Lady" zusammengestoßen. Der Frachter sank innerhalb von sage und schreibe
5 13 Minuten. Sieben Besatzungsmitglieder gingen über Bord, konnten aber dann doch noch von der tapferen Seenotrettung aus dem Wasser gefischt werden. Drei mussten in ein Krankenhaus gebracht werden. Das Containerschiff war sehr schwer beschädigt und ging vor Ort noch vor Anker. Dann ist aber unversehens mitten in der Nacht noch ein Tanker die Elbe entlanggefahren. Es kommt jetzt, wie es kommen muss, er rammt
10 das Wrack der „Maritime Lady". Unglaublich! Der Tanker ist dann erst einmal manövrierunfähig gewesen und er wurde in den Elbehafen abgeschleppt.

6 Schreibe in dein Heft eine Checkliste für Jan und Soraya: Worauf müssen sie achten, wenn sie einen sachlichen Bericht schreiben?

☆ **7** Schreibe in dein Heft einen sachlichen Bericht über das Schiffsunglück auf der Elbe. Achte darauf, alle Anworten auf die W-Fragen (Aufgabe 4) in der zeitlich richtigen Reihenfolge darzustellen.

Das Praktikum von Jan und Soraya war den „Marschland-Nachrichten" eine Kurzmitteilung unter der Rubrik „Vermischtes" wert.

Schülerpraktikum

In der ersten Woche des Jahres 2007 schrieben zwei sehr aufgeweckte junge Gastredakteure für Sie. Jan Schneider und Soraya Turik, beide 14 Jahre alt, verbrachten eine Woche ihrer Weihnachtsferien bei den „Marschland-Nachrichten", um das Leben und die Arbeit einer Zeitungsredaktion kennen zu lernen. Am ersten Tag, dem 2.1.07, haben sie sich nur etwas umgeschaut. Ihr erster „richtiger" Job war ein Bericht über die spektakuläre Schiffskollision in der Nacht zum 3.1.07. Ebenso aufregend ging es weiter: Am 4.1.07 besuchten sie gemeinsam mit Frauke Hermanns für eine Reportage den ersten Lottomillionär Brunsbüttels. Am 5.1.07 ging es mit Carsten Kurz in die Wöchnerinnenstation des Kreiskrankenhauses, um über die ersten Babys des neuen Jahres zu berichten. Und am 6.1.07 war das Prakti-

kum eigentlich beendet, aber der Redaktionshund „Tilly" hatte am Tag zuvor Junge bekommen, da kamen Jan und Soraya gern freiwillig wieder. Wir haben uns gefreut!

Marschland-Nachrichten, 8.1.2007

8 *Jan und Soraya wollen für die Schülerzeitung einen kurzen Bericht über ihr Praktikum schreiben. Ihre Mitschüler und Mitschülerinnen sollen erfahren, wie spannend und abwechslungsreich der Redaktionsalltag ist.*

a) Schreibe einen kurzen persönlichen Bericht unter Verwendung der Informationen, die die Kurzmitteilung gibt. Schreibe ausdrucksvoll und teile deinen Lesern auch Gedanken und Gefühle mit.

b) Überarbeite deinen Text anschließend anhand der Checkliste zum Bericht, die du für Jan und Soraya geschrieben hast (Aufgabe 6). Beachte, dass beim persönlichen Bericht deine Gedanken und Gefühle einfließen können.

Teste dich! – Berichten

1 *Lies den folgenden Zeitungsbericht.*
a) Benenne den zentralen Fehler.

_____

b) Formuliere eine Regel für das Schreiben von Berichten, die diesen Fehler vermeiden hilft.

_____

Schildkröte erleidet Rauchvergiftung

Einsatz: Zehn Löschfahrzeuge retten Tier aus brennendem Terrarium

SIEGBURG. Landschildkröten lieben die Wärme, aber das war dann doch zu viel. Als gestern am frühen Nachmittag im zweiten Stockwerk der Frankfurter Straße 52 die Infrarot-Wärmelampe ins gerade erst eingerichtete Terrarium fällt, sucht das Panzertier vergeblich das Weite. Erst recht, als das Stroh Feuer fängt. Da dauert es noch einige Minuten, bis ein Nachbar den Rauch bemerkt, denn Frauchen weilt im Urlaub. Die Rettung naht mit zehn Löschfahrzeugen der Feuerwehr samt zweier Rettungswagen. Die Wehrmänner rücken mit Atemschutzgeräten vor und sehen parallel per Drehleiter von außen nach dem Rechten, während sich in der Fußgängerzone die Menschen sammeln, um die Rettungsarbeiten zu verfolgen. Die restlichen Hausbewohner hat die Polizei in Sicherheit gebracht. Dann das Happy End: Das Feuer ist schnell gelöscht und die Schildkröte mit einer Rauchvergiftung davongekommen. Das stellt der konsultierte Tierarzt Sabs Gillani fest, der sofort eine Sauerstofftherapie einleitet. Heute will die Mutter der Halterin das Tier einstweilen in ihre Obhut nehmen.

Bonner General-Anzeiger, 14. 10. 2005

2 *Unterstreiche den Satz im Zeitungsbericht blau, der richtig im Plusquamperfekt stehen muss.*

3 *Markiere im Text alle wertenden Formulierungen.*

4 *Unterstreiche im Text die Antworten auf die wichtigsten W-Fragen grün: Wer?, Was?, Wann?, Wo?, Warum?*

5 *Fasse den Zeitungstext in einem sachlichen Kurzbericht in zwei oder drei Sätzen zusammen.*

_____

_____

_____

_____

Werte deine Ergebnisse aus, indem du deine Antworten mit dem Lösungsheft abgleichst.
Für jede richtige Antwort bekommst du einen Punkt.

| 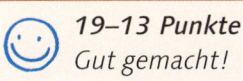 **19–13 Punkte** Gut gemacht! | **12–9 Punkte** Gar nicht schlecht. Schau dir die Merkkästen der Seiten 7 bis 10 noch einmal an. | **8–0 Punkte** Arbeite die Seiten 7 bis 10 noch einmal sorgfältig durch. |

Schildern

Schildern bedeutet, etwas stimmungsvoll darzustellen und dabei neben Tatsachen auch persönliche Einschätzungen, Gedanken und Gefühle des Betrachters einzubeziehen. Der Leser soll sich in die Situation hineinfühlen können, als sei er dabei gewesen.

So wird deine Schilderung anschaulich und ausdrucksstark:

- Verwende **sprachliche Bilder:** Vergleiche (z. B.: „schön wie eine Rose"), Metaphern (z. B.: „sie war eine Rose") oder Personifikationen (z. B.: „die Rose schüttelte ihr Haupt").
- Bemühe dich um **inhaltlich passende und abwechslungsreiche Adjektive** (z. B.: „wunderschön", „geistreich") **und Partizipien** (z. B.: „überzeugend", „hinreißend") sowie **genau zutreffende Verben** (z. B.: „schlendern" oder „marschieren" statt „gehen").
- Gestalte den **Satzbau abwechslungsreich,** z. B. mit Aufzählungen oder Ellipsen (Auslassung des Prädikats).

Joseph von Eichendorff

Aus dem Leben eines Taugenichts (1826) (1)

Der Taugenichts hat sich in eine junge Dame verliebt und legt ihr täglich am Abend einen Blumenstrauß hin.

Kein Mensch kümmerte sich darum: Sooft ich des Morgens frühzeitig nachsah, lagen die Blumen noch immer da wie gestern und sahen mich mit ihren verwelkten, niederhängenden Köpfchen und daraufstehenden Tau- tropfen ordentlich betrübt an, als ob sie weinten. – Das verdross mich sehr. Ich band gar keinen Strauß mehr. In meinem Garten mochte nun das Unkraut treiben, wie es wollte, und die Blumen ließ ich ruhig stehn und wachsen, bis der Wind die Blätter verwehte. War mir's doch ebenso wild und bunt und verstört im Herzen. ₁₀

1 *Untersuche die sprachlichen Darstellungsmittel in dem Textausschnitt von Joseph von Eichendorff, indem du*
a) die verwendete Personifikation blau markierst,
b) Vergleiche grün unterstreichst und
c) jeweils mindestens drei Beispiele für treffende Verben und Adjektive herausschreibst.

Verben:	
Adjektive/Partizipien:	

2 *In welche Gefühlslage des Ich-Erzählers wird der Leser oder die Leserin hier hineingezogen?*
a) Gib die Zeile an, in der diese am deutlichsten zum Ausdruck kommt: Z. _____.
b) Wähle aus den folgenden Wörtern treffende aus und formuliere kurz, wie sich der Taugenichts fühlt.

gekränkt	liebeskrank	deprimiert	verärgert	enttäuscht	gelangweilt	gleichgültig	trotzig
entnervt	aufgewühlt	verlegen	missverstanden	verkannt	unglücklich	verwirrt	

Joseph von Eichendorff

Aus dem Leben eines Taugenichts (1826) (2)

Der Taugenichts beobachtet gern die Natur und schildert seine Eindrücke:

Es war ein stiller, schöner Abend und kein Wölkchen am Himmel. Einzelne Sterne traten schon am Firmamente hervor, von Weitem rauschte die Donau über die Felder herüber, in den hohen Bäumen im herrschaftlichen Garten neben mir sangen unzählige Vögel lustig durcheinander.

3 *Beim Schildern werden oft verschiedene Sinneswahrnehmungen veranschaulicht. Notiere:*
   a) Welche Höreindrücke schildert der Ich-Erzähler?

_____

   b) Was sieht der Taugenichts?

_____

Wolfgang Koeppen

Ankunft in Venedig (1993)

Wie oft komme ich, mit der Eisenbahn über den Damm, durch die gleißende Lagune, im Zug Paris – Venedig, München – Venedig, Rom – Venedig, zu Schiff von der Adria, von den Tempeln, von den Säulen, von den Göttern, den Inseln der lieben Mediterranee[1]. Venedig lockt, fängt ein, verführt mit seinem Licht, seiner Wasserluft, der Geisterluft. Die Sonne, der Mond und die Sterne gehen auf und unter in diesem schillernden tiefen Spiegel des Wasserlebens.

1 **Mediterranee:** Mittelmeer

4 *Beschreibe in einem vollständigen Satz, mit welchem sprachlichen Mittel die Schilderung Venedigs ausgestaltet ist.*

_____

5 *Setze die Schilderung Venedigs von Wolfgang Koeppen fort: Schau dir das Foto von Venedig genau an und denke und fühle dich in diese „Wasserstadt" hinein. Schildere auch mögliche Sinneswahrnehmungen. Schreibe in dein Heft.*

Beschreiben

Beschreiben bedeutet, über etwas **sachlich und anschaulich** zu **informieren,** etwas nach intensiver Betrachtung möglichst genau und objektiv darzustellen. Dies geschieht meist in knapper Form und in eher einfachem Satzbau. **Tempus** ist das **Präsens.**

Personen oder literarische Figuren beschreiben
- In der **Einleitung** wird der Anlass der Beschreibung genannt.
- Im **Hauptteil** wird die Person detailliert beschrieben. Dazu gehören Angaben zu Geschlecht, Alter, Gestalt, Gesicht, Bekleidung und besondere Beobachtungen.
  - Ordne deine Beobachtungen in **sinnvoller Reihenfolge:** Eine Person kann z. B. von oben nach unten beschrieben werden oder vom Gesamtbild ausgehend hin zu Einzelheiten.
  - Du kannst typische Verhaltensweisen und Eigenschaften der Person beschreiben.
  - Verwende statt allgemeinen Bezeichnungen **genaue Angaben** (statt „groß" z. B. „hochgewachsen und schlank") und vermeide Wiederholungen.
  - Wähle **aussagekräftige Verben,** ersetze besonders „haben" und „sein" durch andere Verben.

1 *Der Autor Thomas Mann ist bekannt für genaue und lebendige Beschreibungen seiner Figuren. Untersuche im folgenden Auszug die sprachliche Gestaltung der Beschreibung. Markiere im Text alle Adjektive grün und alle als Adjektiv gebrauchten Partizipien blau.*

Thomas Mann

Kai (Auszug aus: Buddenbrooks, 1901)

Kai war mit einem ärmlichen Anzug von unbestimmter Farbe bekleidet, an dem hie und da ein Knopf fehlte und der am Gesäß einen großen Flicken zeigte. Seine Hände, die aus den zu kurzen Ärmeln hervorsahen, erschienen imprägniert mit Staub und Erde und von unveränderlich hellgrauer Farbe, aber sie waren schmal und außerordentlich fein gebildet, mit langen Fingern und langen, spitz zulaufenden Nägeln. Und diesen Händen entsprach der Kopf, welcher vernachlässigt, ungekämmt und nicht sehr reinlich war. Das flüchtig in der Mitte gescheitelte, rötlich gelbe Haar war von einer alabasterweißen Stirn zurückgestrichen, unter welcher, tief und scharf zugleich, hellblaue Augen blitzten. Die Wangenknochen traten ein wenig hervor und die Nase, mit zarten Nüstern und schmalem, ganz leicht gebogenem Rücken, war, wie der Mund mit etwas geschürzter Oberlippe, schon jetzt von charakteristischem Gepräge.

2 *Gestalte die ersten drei Sätze so um, dass Kai zu einer elegant wirkenden Figur wird. Trage passende Adjektive, Partizipien, Verben und Nomen in die Lücken im Text ein.*

Kai war mit einem *eleganten* Anzug von _____ Farbe bekleidet, an dem hie und da ein

_____ _____ und der am _____ einen _____

_____ _____ zeigte. Seine Hände, die aus den _____

Ärmeln hervorsahen, erschienen imprägniert mit _____ und _____

und von _____ _____ Farbe, [aber] sie waren schmal und außerordentlich fein gebildet, mit langen Fingern und langen, spitz zulaufenden Nägeln. Und diesen Händen entsprach der Kopf,

welcher _____ und _____ war.

Franz Gertsch: Irène (1980),
Acryl auf ungrundierter Baumwolle, 257 x 391 cm
© Franz Gertsch

3 *Fotorealistisch arbeitende Künstler malen fotografisch genau. Beschreibe die Frau auf dem Gemälde von Franz Gertsch möglichst detailgetreu.*

a) *Notiere dir zunächst in Stichworten Besonderheiten von Gesicht, Ausdruck und Aufmachung (Kleidung, Schmuck, Schminke):*

Gesicht (Form, Stirn, Kinn, Wangen, Farbe): _____

_____

Augen (Form, Farbe, Brauen, Ausdruck): _____

_____

Mund (Form, Mundwinkel, Ausdruck): _____

_____

Nase: _____

Frisur: _____

Besondere Merkmale: _____

Figur und Körperhaltung: _____

Kleidung und Schmuck: _____

Gesamteindruck: _____

b) *Verbessere die folgende Beschreibung. Schreibe in dein Heft. Gestalte die Sätze um und ersetze die Verben „haben"*
und „sein" durch treffende andere Verben:

Sie hat große ausdrucksstarke Augen, die eine mandelförmige Form haben. Die Augen sind glänzend, die Iris um die großen schwarzen Pupillen ist grün. Die Augen sind mit starker schwarzer Schminke umrandet. Der untere Lidstrich ist weit nach außen zur Schläfe hin gezogen. Die Lider haben eine helle, fast weiße Färbung. Die Wimpern sind stark getuscht. Ihr Blick ist entrückt und der Ausdruck der Augen hat etwas Trauriges.

c) *Beschreibe die Frau nun ausführlich in deinem Heft. Lies dir vorher noch einmal den Text von Thomas Mann durch.*
Vielleicht kannst du dich an seiner Genauigkeit und seinem Stil (z.B. abwechslungsreicher Satzbau und treffende
Verben) orientieren. Verwende das Präsens.

> **Bilder beschreiben**
> ☐ In der **Einleitung** gibst du die **Bilddaten** an: Titel, Künstler oder Künstlerin, Jahr, Technik (z. B.: Öl auf Leinwand, Aquarell) und Format des Bildes (z. B.: Hochformat, Querformat).
> ☐ Gehe im **Hauptteil** vom **Bildgegenstand** (Hauptmotiv: *Was* ist zu sehen?) und vom **Gesamteindruck**, z. B. der Stimmung des Bildes, aus. Gehe dann zu den **Einzelheiten** über:
> ■ Beschreibe den **Bildaufbau geordnet:** Am besten führst du vom Auffälligen zu den Details. Benenne der Reihe nach alles Wesentliche, was im Vorder-, Mittel- und im Hintergrund zu sehen ist.
> ■ Schließlich sind die **Gestaltungsmittel** wichtig: *Wie* sind die Dinge dargestellt (Farbe, Lichtwirkung, Malstil, Raumgestaltung, wichtige Formen und Linien)?
> Schreibe **sachlich** und im **Präsens.**

1 *Lasse das Bild von J. W. Turner eine Weile auf dich wirken und notiere dann in Stichworten deinen ersten Eindruck*

zum Bildmotiv: _____

zur Gestaltung: _____

Joseph Mallord William Turner: Der Brand des Londoner Parlaments-gebäudes (1834), Öl auf Leinwand (92 x 123 cm; Philadelphia Museum of Art: The John Howard McFadden Collection, 1928)

2 *Betrachte das Bild nun in all seinen Einzelheiten und sammle deine Beobachtungen zu folgenden Bereichen:*

Bildgegenstand bzw. Thema: _____

Einzelne Motive: _____

_____

_____

Farben: _____

Formen: _____

Malweise: _____

Stimmung, Gesamtwirkung: _____

_____

3 a) Markiere auf der Abbildung durch Querlinien über die gesamte Breite Vorder-, Mittel- und Hintergrund.
b) Zeichne ein, welche Form in die Raumtiefe führt.
c) Ergänze neben dem Bild,
☐ welche **Bildmotive** in welcher Raumschicht zu sehen sind,
☐ welche **Formen** vorherrschen und in welche Richtung sie verlaufen und
☐ welche **Farben** hervorstechen.

Hintergrund: *größte Fläche* _____

_____

leuchtendes Orange, Rot, Violett, Graublau

Mittelgrund: *Bildmotive: Themse, Brücke, Boote*

mit Schaulustigen _____

_____

_____

Vordergrund: _____

_____

sichelartig gebogene Form _____

_____

d) Welche Formen und Linien herrschen hauptsächlich in dem Bild vor? Umkreise alle Begriffe, die zutreffen:

ruhig	hart	oval	Quadrat	spitz	vertikal	symmetrisch	Dreieck	wild	Streifen
Spirale	diagonal	weich	rund	gewellt	Bogen	horizontal	gezackt	Rechteck	Wirbel

4 Werte den folgenden Text aus: Markiere, welche Informationen du für deine Bildbeschreibung nutzen kannst.

Joseph Mallord William Turner (1775–1851) wird häufig der Romantik zugeordnet, aber auch als Vorläufer der impressionistischen Maler bezeichnet. Bei ihm sind die Erscheinungen des Lichtes und der Atmosphäre so
5 wesentlich, „dass er auf jede genauere Wiedergabe verzichtet und mit lebhaften, dunstig verschwimmenden Farben nur noch den dichterischen Gehalt seiner Naturvisionen festhält" (K. Martin): Sturmwirbel, geisterhafte Nebelschwaden, Meeresaufruhr.

Als Turner in der Nacht des 16. Oktober 1834 hörte, dass 10 das Londoner Parlamentsgebäude in Flammen stehe, eilte er, um den Brand zu sehen. Er fertigte noch in der gleichen Nacht Skizzen an, nach denen er dann zwei Gemälde schuf. Das reale Ereignis, das er von der dichtbevölkerten Waterloo-Brücke aus beobachtet hatte, ist 15 als „Impression" gemalt, als grausige Pracht einer „kosmischen Katastrophe".

5 Beschreibe das Bild nun mit Hilfe deiner Vorarbeiten ausführlich in deinem Heft.
Vergiss die Angaben im Einleitungsteil nicht.

Teste dich! – Schildern und Beschreiben

1 *Der Text über das Gemälde von Caspar David Friedrich hat sachlich beschreibende und schildernde Passagen. Markiere alle Sätze, die du für eine ausschließlich sachliche Bildbeschreibung verwenden könntest.*

Das Gemälde „Wanderer über dem Nebelmeer" von Caspar David Friedrich entstand zwischen 1815 und 1820. Es wurde im Format 98,4 x 74,8 cm in Öl auf Leinwand gemalt.

5 Auf dem Bild wendet uns eine männliche Figur den Rücken zu. Sie steht hoch auf einem Felsen und blickt mit uns auf eine schroffe Felslandschaft, die im Nebel versunken ist. Dichte, wabernde Nebelschwaden in schimmernden Tönen von Gelblichweiß bis Bläulichviolett
10 legen sich wie Watte um die majestätisch aufragenden Felsenspitzen. Es fröstelt uns beim Anblick der kühlen Täler, welche die Nebelschleier nicht frei geben wollen. Wer wäre nicht wie unser Wanderer überwältigt von diesem herrlichen Anblick eines solch umwerfenden
15 Naturschauspiels! Der Wanderer steht aufrecht auf dem Felsengipfel, der im vordersten Bildgrund eine Dreiecksform bildet. Er stützt sich auf seinen Stock, den er in der rechten Hand hält. Der Mann ist in einen grünlich-schwarzen Samtan-
20 zug gekleidet und ein weißer Kragen wird an seinem Hals sichtbar. Nach mühevollem Aufstieg – denn er muss der Ausgehkleidung nach zu schließen aus der Stadt kommen – hat sich der elegante Wanderer festen Halt auf dem gefährlich hohen Posten verschafft und
25 schaut nun schwärmerisch wie beim Anblick eines Kunstgegenstands in die Tiefe der beseelten Landschaft. Wir möchten mit ihm die kühle, feuchte Luft atmen, die ihn umweht, und die Erhabenheit dieser gewaltigen Berge spüren!
30 Während der Vordergrund durch Felsen und Figur eine sehr dunkle, scharf abgegrenzte Fläche bildet, herrschen im Bildmittelgrund und im Hintergrund die hellen Töne vor. Einige, teils mit Bäumen bewachsene Felsspitzen ragen aus dem Nebel heraus und strecken sich bis in die
35 hinterste Bildzone, in der gewaltige Berge in den Himmel übergehen. Luft- und Farbperspektive sorgen neben der Staffelung der Berge für die Raumtiefe. Die Farben werden nach hinten hin immer blasser und bläulicher, sodass Himmel und Landschaft auf Höhe des Horizonts
40 dieselbe bläulichweiße Tönung annehmen. Liebliche rosa Streifen durchziehen das freundliche, morgendliche Himmelsblau, als wären sie von zarter Hand hi-

neingewebt. Dazu tanzen duftige Schäfchenwolken weit oben am milchigen Himmel. Hier gibt sich die Natur freundlich und warm; sie verspricht uns einen wun- 45 dervollen Sonnentag. Das zarte Rot kündigt die wohltuende Wärme an, welche die Sonne, auf ihren Durchbruch wartend, auf die Landschaft zaubern wird. Der Bildaufbau folgt einer strengen Ordnung. Die Figur bildet die vertikale Bildmittelachse, während zwei dun- 50 kle, schmale Bergrücken, die auf Höhe der Bildmitte von links und rechts auf die Figur zustreben, eine horizontale Achse bilden. Sämtliche Linien aus dunklen Felsen- und hellen Nebelzonen streben auf den Bildmittelpunkt zu, der genau in der Herzgegend des Wanderers liegt. 55 Formale und inhaltliche Aspekte des Bildes fügen sich so zu einer Einheit zusammen. Tief im Herzen spürbare Sehnsucht nach Ferne und Unendlichkeit werden wach beim Anblick der magischen Natur, die ganz Besitz von uns ergreift und das Herz aufgehen lässt. 60

Werte deine Ergebnisse mit Hilfe des Lösungsheftes aus. Für jeden richtig markierten Satz bekommst du einen Punkt. Für jede richtige Antwort bekommst du einen Punkt. Für das sorgfältige Lesen des Textes bekommst du 5 Sonderpunkte.

15–10 Punkte	**9–5 Punkte**	**4–0 Punkte**
Gut gemacht! + 5 Sonderpunkte fürs Lesen!	Gar nicht schlecht. Schau dir die Merkkästen der Seiten 12 bis 17 noch einmal an. + 5 Sonderpunkte fürs Lesen!	Arbeite die Seiten 12 bis 17 noch einmal sorgfältig durch. Du musst zudem genauer lesen.

Schriftlich Stellung nehmen

Eine **Argumentation** ist von ihrer Logik her oft wie eine Pyramide aufgebaut:
- An der Spitze steht die **These** (Behauptung, Bewertung, Forderung), die durch **Argumente** begründet wird. Das können zum Beispiel allgemein anerkannte Tatsachen, Expertenmeinungen, (allgemeine) Erfahrungen oder persönliche Einstellungen sein.
- Die Argumente werden durch **Beispiele, Belege** oder **Zitate** gestützt.

These

> *Sport im Verein ist für Jugendliche wichtig.*

Argument

> *... weil das positive Gemeinschaftserleben z. B. vor Drogenkonsum schützt.*
> (Expertenmeinung)

> *... weil man dabei die Durchsetzungsfähigkeit schult.*
> (Erfahrung)

Beispiele/Belege

> *Dies belegen mehrere pädagogische Studien.*
> (Beleg)

> *Seit ich Handball spiele, bin ich viel selbstbewusster.*
> (Beispiel)

In einem Text sind die Elemente der Argumentation nicht pyramidenartig angeordnet. Belege, Beispiele und Zitat stehen in der Regeln bei „ihrem" Argument. Eine These kann auch unausgesprochen bleiben oder „zwischen den Zeilen stehen".

Für die **Stoffsammlung** bietet sich eine Mind-Map an. Ihr Zentrum enthält meist die Hauptthese, die Nebenäste enthalten die Argumente oder Unterthesen, die weiteren Äste die Belege oder Beispiele.

1 a) *Schreibe eine Stellungnahme. Erstelle dafür eine Stoffsammlung zum Thema* **In unserer Schule soll Schulkleidung eingeführt werden!** *Notiere in Stichworten, was dir spontan zum Thema einfällt. Stelle W-Fragen zum Thema, z. B.: Was ist Schulkleidung? Wann ist sie sinnvoll? Wer schafft sie an? Welche Folgen hat die Anschaffung? …*

b) *Übertrage die folgende Mind-Map in dein Heft und arbeite sie dort auf der Grundlage deiner Stoffsammlung aus.*

hohe Identifikation — *sozialer Zusammenhalt* — **Schulkleidung ist sinnvoll** — *erfolgreiche Vorbilder*

große Bestellmengen — *preiswerte Anschaffung*

Die **Einleitung** stellt das Thema vor und weckt Interesse für die Fragestellung.
Du kannst verschiedene **Einstiege** wählen: ein aktuelles oder ein persönliches Ereignis, eine Annäherung über ein verwandtes Thema oder einen historischen Rückblick. Wichtig ist, dass du in der Einleitung keine Argumente aus dem Hauptteil vorwegnimmst.

2 *Überlege, wie du den Leser oder die Leserin für deine Stellungnahme interessieren kannst. Formuliere in deinem Heft eine knappe Einleitung.*

Aus einer Mind-Map lässt sich die **Gliederung des Hauptteils** einer schriftlichen Stellungnahme erstellen. Gliedere **numerisch:**

Thema: In unserer Schule soll Schulkleidung eingeführt werden!

1 Einleitung

2 These: Schulkleidung ist sinnvoll.

    2.1 Schulkleidung fördert das soziale Klima.

    2.1.1 Einheitliche Kleidung stärkt die Identifikation der Schüler mit der Schule.

    2.1.2 …

    2.2 Ein verbessertes soziales Klima führt zu besseren Lernergebnissen.

    2.2.1 …

3 Schluss (Resümee)

Nicht jedes Argument hat die gleiche Überzeugungskraft, deshalb ist es sinnvoll, **Argumente steigernd** anzuordnen. Setze das stärkste Argument an den Schluss, um den Leser zu überzeugen.

3 *Gewichte die nachfolgenden Argumente, indem du eine Nummer in das Kästchen einträgst. In der Reihenfolge dieser Nummern erscheinen die Argumente dann in der schriftlichen Stellungnahme.*

☐ Das Erscheinungsbild der Schule wirkt insgesamt harmonischer.	☐ Schulkleidung ist preiswerter in der Anschaffung als Markenkleidung.
☐ Schulkleidung fördert das soziale Klima.	☐ Ein gutes soziales Klima hilft, besser zu lernen.

4 *Ordne die folgenden Beispiele und Belege den Argumenten aus Aufgabe 3 zu, indem du die Nummer des zu dem Beispiel passenden Arguments einträgst. Argumente können durch mehrere Beispiele/Belege gestützt werden.*

☐ Mara S. (Kl. 10) berichtet: „Meine Klasse findet, dass wir wie eine große Familie sind, wenn alle das Gleiche tragen. Da kommt man viel lieber in die Schule und fühlt sich wohl."

☐ Größere Bestellmengen senken den Abnahmepreis.

☐ Eine Studie des Psychologie-Professors Oliver Dickhäuser bestätigt dies: „In den Klassen, in denen die Schüler bereits seit zwei oder drei Jahren die Schulkleidung tragen, herrscht eine höhere Aufmerksamkeit."

☐ Ein Blick in englische Schulen zeigt, dass die Schulkleidung farblich gut passend aufeinander abgestimmt ist.

☐ Man konnte in der Zeitung letzte Woche über eine Berliner Schule lesen, wie aggressiv Mitschüler ohne Markenkleidung gemobbt wurden.

☐ Teure Markenkleidung reizt zu Diebstahldelikten, Schulkleidung dagegen nicht.

5 *Arbeite in deinem Heft eine vollständige Gliederung aus. Berücksichtige die Argumente und Beispiele aus den Aufgaben 3 und 4 und deine eigene Stoffsammlung.*

TIPP

Es ist wichtig zu erkennen, welche Gründe gegeneinander abgewogen werden müssen. Argumente des Diskussionsgegners kann man häufig durch **Gegenargumente entkräften,** denen man stärkeres Gewicht zuspricht. Um unzureichende Gegengründe auszudrücken, kannst du **Konzessivsätze** formulieren, die mit „obwohl", „obgleich", „wenngleich", „wenn … auch" eingeleitet werden.

6 *Formuliere ein mögliches Gegenargument und entkräfte es. Schreibe in vollständigen Sätzen.*

> **Nachvollziehbar gliedern und treffend begründen**
> - **Gliederungssignale** helfen, deine Argumentation sprachlich schlüssig zu verknüpfen, z. B. durch: „als Erstes", „daran anschließend", „schwerer wiegt", „im Übrigen gilt", „zunächst gilt zu beachten", „am schwersten wiegt jedoch", „daraus folgt".
> - Um die Zusammenhänge deiner Argumentation sprachlich klar darzustellen, kannst du in einem Adverbialsatz oder in einem Hauptsatz auf den Grund oder die Ursache eines Sachverhalts aufmerksam machen oder auf die Folgen hinweisen. Verwende passende **satzverknüpfende Konjunktionen** oder **Adverbien:**
>   - **kausal** (Grund/Ursache): „weil", „deshalb", „da", „daher", „denn", „nämlich"
>   - **konsekutiv** (Folge/Wirkung): „sodass", „dass", „darum", „deshalb", „folglich", „also", „demnach", „dadurch"
>   - **final** (Absicht/Zweck): „dass", „damit", *häufig:* „um" + Infinitiv mit „zu" (Infinitivsatz)

7 a) *Ergänze im Lückentext Konjunktionen und Adverbien. Achte genau auf die Begründungszusammenhänge und wähle passende Verknüpfungen aus.*

| deshalb | da | denn | dadurch | weil | daher | damit | um ... zu testen | sodass |

b) *Unterstreiche die vier Gliederungssignale im Text.*

Antrag an die Schulkonferenz auf Einführung von Schulkleidung

Die Klasse 8 a hat einen besonderen Beitrag zur Diskussion um die Einführung von Schulkleidung geleistet: Die Klasse erschien vier Monate lang einheitlich gekleidet zum Unterricht, _____ die Wirkung _____.

Das Ergebnis übertraf alle Erwartungen. Eine Umfrage zeigte große Zustimmung zur Schulkleidung, _____

die Schülerinnen und Schüler nicht länger befürchten mussten, ohne Markenkleidung nicht dazuzugehören oder als

5 „asozial" abgewertet zu werden. Daraus schließen wir, dass die Eindämmung des Markenfetischismus wesentlich ist,

_____ ein soziales Zusammengehörigkeitsgefühl entstehen kann. Zudem bietet die einheitliche Schul-

kleidung ein geschlossenes Erscheinungsbild und führt _____ zu höherer Identifika-

tion mit der eigenen Schule. Die Schule wird als gemeinsamer Lernort erfahren, _____ wird

die Leistungsbereitschaft erhöht. Unsere Schlussfolgerung: Wir unterstützen die einheitliche Schulkleidung,

10 _____ sie hilft, soziale Probleme zu bekämpfen, die Integration fördert und die Leistungsbereitschaft

erhöht. Zusammenfassend beantragen wir einheitliche Schulkleidung.   *Schülervertretung Marie-Curie-Gymnasium*

> Der **Schluss** fasst die Argumente zusammen (Resümee) und „entlässt" den Leser unter Bezug auf den einleitenden Gedanken mit einer Aufforderung oder einem Appell. Elegant ist es, noch einmal den Gedanken der Einleitung aufzugreifen.

8 *Greife den Gedanken deiner Einleitung (Aufgabe 2) auf und formuliere daran anknüpfend ein Resümee für eine Stellungnahme zur Einführung von Schulkleidung. Schreibe zwei bis drei Sätze in dein Heft.*

Teste dich! – Argumentation

1 a) Unterstreiche in der folgenden Stellungnahme die Argumente.

Hausaufgaben müssen abgeschafft werden!

In vielen Familien streitet man sich über Hausaufgaben, denn Kinder haben meist keine Lust, sie zu erledigen. Das ist nachvollziehbar, denn oft haben die Schüler zu viel auf. Dies zeigt ein Blick auf die meisten Kinderschreibtische der Nation. Die Lehrer stimmen sich zu selten bei der Vergabe von Hausaufgaben ab, sodass es mehr werden, als die Richtlinien es altersgerecht vorsehen. Außerdem stellen Hausaufgaben gar keine eigene, kreative Leistung dar. Im Zeitalter des Internets kann man die Ergebnisse problemlos aus dem Internet herunterladen. Vielfach werden sie auch einfach vor der nächsten Unterrichtsstunde beim Tischnachbarn abgeschrieben. Das ist an jedem Schulvormittag mühelos zu beobachten. Ergänzend wäre anzumerken, dass die Schülerinnen und Schüler nachmittags Zeit benötigen, um sich zu erholen und sich innerlich auf den nächsten Schultag vorzubereiten. Dabei ist ein wenig anspruchsvoller Fernsehnachmittag viel hilfreicher als Hausaufgaben. Man könnte etwas provozierend schlussfolgern, dass die Schülerinnen und Schüler bei der nächsten Klassenarbeit schon selbst merken werden, ob sie den Stoff verstanden haben.

Kreuze an: Wie viele Argumente enthält der Text?

☐ 4   ☐ 2   ☐ 6   ☐ 8

b) Markiere die Beispiele oder Belege.
c) Umkreise die Gliederungssignale.

2 a) Streiche im folgenden Textauszug die falsch gewählten Verknüpfungen an.

Hausaufgaben haben einen Sinn!

Hausaufgaben wiederholen den Schulstoff in ähnlicher Form, obgleich bilden sie Routinen und vertiefen den Unterrichtsstoff vom Vormittag. Gut gewählte Hausaufgaben sind ein Kontrollinstrument für Schüler und Lehrer, demzufolge erst durch die Hausaufgaben und die Verbesserungen in der nächsten Unterrichtsstunde klar wird, was man wirklich verstanden hat. Zudem werden Fragen und Zusammenhänge deutlicher, sodass es allein leichter ist, sich zu konzentrieren und im eigenen Tempo zu arbeiten.

b) Verbessere: Schreibe die jeweils passenden Verknüpfungen auf.

_____

_____

Werte deine Ergebnisse aus, indem du deine Antworten mit dem Lösungsheft abgleichst.
Für jede richtige Antwort bekommst du einen Punkt.

 21–17 Punkte
Gut gemacht!

 16–12 Punkte
Gar nicht schlecht. Schau dir die Merkkästen der Seiten 19 bis 21 noch einmal an.

 11–0 Punkte
Arbeite die Seiten 19 bis 21 noch einmal sorgfältig durch.

Das Verb: Tempus

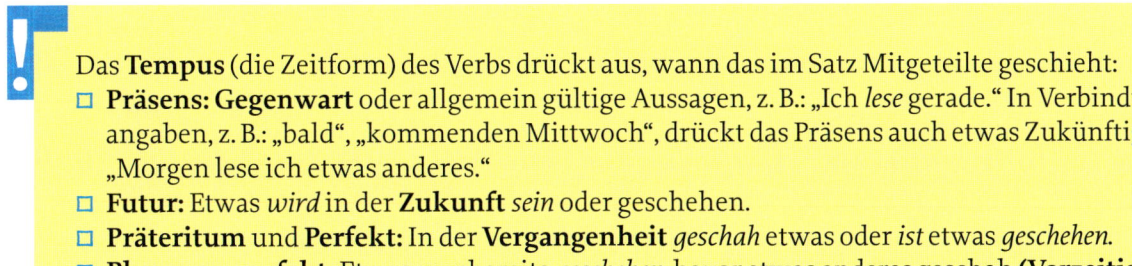

Das **Tempus** (die Zeitform) des Verbs drückt aus, wann das im Satz Mitgeteilte geschieht:
- **Präsens: Gegenwart** oder allgemein gültige Aussagen, z. B.: „Ich *lese* gerade." In Verbindung mit Zeit-
  angaben, z. B.: „bald", „kommenden Mittwoch", drückt das Präsens auch etwas Zukünftiges aus, z. B.:
  „Morgen lese ich etwas anderes."
- **Futur:** Etwas *wird* in der **Zukunft** *sein* oder geschehen.
- **Präteritum** und **Perfekt:** In der **Vergangenheit** *geschah* etwas oder *ist* etwas *geschehen.*
- **Plusquamperfekt:** Etwas *war* bereits *geschehen,* bevor etwas anderes geschah **(Vorzeitigkeit)**.

1 *Unterstreiche im folgenden Text alle Prädikate. Beachte die Prädikatsklammern sowie Aktiv- und Passivformen. Notiere am Rand das Tempus.*

Das Guinness-Buch der Rekorde

Das Guinness-Buch enthält die weltweit bedeutendste Sammlung von Rekorden. Viele   *Präsens*

werden nur mit dem einen Ziel aufgestellt, hier erwähnt zu werden. Den ersten Band

gab die Guinness-Brauerei im Jahr 1955 in Auftrag. Die Idee hatte der Geschäftsführer

der Brauerei gehabt: Für einen Fehlschuss während einer Vogeljagd hatte er nach einer

5 Entschuldigung gesucht und deswegen Nachforschungen über den schnellsten Vogel

der Welt betrieben. Böse Zungen behaupten, dieses besondere Nachschlagewerk wurde

entwickelt, damit man im Pub Streitigkeiten um Halbwahrheiten klären kann. Die ers-

te Ausgabe schrieben die Zwillinge Ross und Norris McWhirter, welche dann über viele

Jahre hinweg auch die Folgebände veröffentlicht haben. Und sicherlich wird es auch

10 weiterhin aktuelle Ausgaben dieses Buches geben, das selbst Rekorde hält: So ist bislang

zum Beispiel kein anderes Werk so oft aus Bibliotheken gestohlen worden.

2 *a) Setze die fehlenden Verben im Präteritum ein.*
b) Kreuze an, ob du die angegebenen Rekorde für wahr oder falsch hältst.

| *bedecken* | *sammeln* | *festhalten* | *stopfen* | *verbessern* | *teilnehmen* |

Wissenstest Weltrekorde: Wahr oder falsch?

Am 22. April 2005 _____ Marco Hort seinen eigenen Rekord, indem er sich 258 Strohhalme in den

Mund _____ und sie dort für 10 Sekunden _____. **wahr** ☐ **falsch** ☐

Seit 1985 _____ Jean Vernetti bislang 2915 „Bitte nicht stören"-Schilder aus Hotels in 131 Län-

dern. **wahr** ☐ **falsch** ☐

Am 11. Juni 2004 _____ an in verschiedenen Orten in England stattfindenden Teepartys gleich-

zeitig insgesamt 11760 Menschen _____. **wahr** ☐ **falsch** ☐ Der Schotte Tom Leppard

_____ 99,9 Prozent seiner Haut mit Tätowierungen. **wahr** ☐ **falsch** ☐

23

Das Verb: Modus – Irrealis/Konjunktiv II

Indikativ (Wirklichkeitsform) und **Konjunktiv** (Möglichkeitsform) sind die beiden Aussageweisen des Verbs (Sg. Modus, Pl. Modi).

☐ Wenn man ausdrücken möchte, dass etwas unmöglich, wünschenswert oder unwahrscheinlich ist, steht das Verb im Konjunktiv II (**Irrealis** = Modus des unerfüllbaren Wunsches), z. B.: „Wenn ich ein Vöglein *wär'*..."

☐ Im Konjunktiv II lässt sich auch ein Wunsch oder eine höfliche Aufforderung ausdrücken, z. B.: „*Könntest* du mir bitte helfen?"

Der **Konjunktiv II** wird vom Indikativ Präteritum des Verbs abgeleitet (oft mit Umlaut, d. h. Wechsel von *a, o, u, au* zu *ä, ö, ü, äu*). Oft wird ein *e* eingefügt.

„ich rief" → „ich riefe"   „er las" → „er läse"   „ihr sangt" → „ihr sänget"

„du sagtest" → „du sagtest"   „wir stritten" → „wir stritten"   „sie wuchsen" → „sie wüchsen"

Der Konjunktiv II wird auch verwendet, wenn sich – z. B. in der **indirekten Rede** (▷ S. 25) – der Konjunktiv I nicht vom Indikativ Präsens unterscheidet.

1 *Ergänze im folgenden Lückentext inhaltlich passende Verben und bilde die Personalform im Konjunktiv II.*

Beinahe eine Rekord-Familie

Heute hat sich unsere ganze große Familie getroffen, um den hundertsten Geburtstag meines Urgroßvaters zu feiern.

Großtante Sophie gratuliert im Namen aller und fügt hinzu: „Wenn du nicht so ungern _____,

_____ du aus deinem Leben einen Bestseller machen!" Urgroßvater brummt: „Wenn ihr mich

heute einfach in Ruhe hier sitzen und zuhören _____, _____ mir das am liebsten!" Darauf-

5 hin fangen alle an, sich zu unterhalten – o Mann, da fallen einem ja die Ohren ab: Onkel Bodo und Tante Mathilde

beteuern, sie _____ sechsmal im Jahr in Urlaub, wenn sie nur nicht so schreckliche Flug-

angst _____. Onkel Martin erwähnt beiläufig, wenn er noch mehr Geld _____,

_____ er gar nicht mehr, was er damit machen _____. Tante Laura merkt an,

sie _____ ein noch schnelleres Auto, wenn es nicht diese Geschwindigkeitsbeschränkungen

10 _____. Vetter Luis erzählt, er _____ den Marathon unter drei Stunden, wenn es nur nicht

immer so windig _____. Und selbst unser Jüngster macht mit – er _____ alle seine Freunde

im Kirschkernweitspucken, wenn seine Mama es ihm nicht _____. Schließlich schimpft

Urgroßvater aus seinem Sessel: „_____ ihr bitte mit dieser Angeberei aufhören! Wenn ihr nicht

mit mir verwandt _____ und ich euch nicht so gern _____,

15 _____ ich jetzt auf der Stelle Reißaus!" „Dafür _____ du aber erst einmal allein

aus dem Sessel kommen!", erwidert Großtante Sophie grinsend.

Indirekte Rede

Wenn man wiedergeben möchte, was jemand gesagt hat, verwendet man die indirekte Rede. Die Personalform des Verbs steht im **Konjunktiv I**. Der Konjunktiv I wird durch den Stamm des Verbs (Infinitiv ohne *-en*) und die entsprechende Personalendung gebildet. Oft wird an den Wortstamm ein *e* angefügt, z. B.: „kommen" → „er komme", „haben" → „du habest".

Redewiedergabe
Der Wetterdienst erklärt: „Der Sommer *wird* heiß." (wörtliche Rede im Indikativ)
Der Wetterdienst erklärt, der Sommer *werde* heiß. (indirekte Rede im Konjunktiv I)
Bei der indirekten Rede baut man die Aussagen oder Gedanken einer anderen Person in seinen eigenen Text ein und macht deutlich, dass die Aussage nicht von einem selbst stammt. In einem **einleitenden Hauptsatz** wird gesagt, wessen Äußerung wiedergegeben wird. Anschließen kann man die Äußerung
- in einem **uneingeleiteten Nebensatz** (NS) mit Konjunktiv, z. B.:
  „Der Meteorologe betonte, die Hitzewelle *dauere* an."
- in einem **dass-Satz** mit oder ohne Konjunktiv, z. B.:
  „Der Meteorologe betonte, dass die Hitzewelle *andauere*." (NS im Konjunktiv I)
  „Der Meteorologe betonte, dass die Hitzewelle *andauert*." (NS im Indikativ)

Brütende Hitze

Von Nina Götte

Während die Menschen unter den hohen Temperaturen stöhnen, bekommt die Hitze vielen Insekten ausgesprochen gut. Nicht nur die lästigen Stechmücken mögen die Wärme, solange sie rund um die Badeseen surren, auch verschiedene Käferarten profitieren davon. Das bedeutet nicht nur zahlreiche Mückenstiche für Badende, sondern bereitet auch der Landwirtschaft Probleme. „Die Feldheuschrecken sind bisher enorm gut und unglaublich zahlreich durch den Sommer gekommen", sagt Konrad Fiedler, Ökologe an der Universität Wien. „Selbst in den Innenstädten sind zunehmend Exemplare anzutreffen." Fiedler befürchtet für die Landwirtschaft eine Plage, wie sie bereits Italien erreicht hat. Die sommerliche Hitzewelle habe aber auch ihr Schönes, betont der Ökologe. „Gerade die großen, farbenprächtigen Schmetterlinge wie der Admiral und der Distelfalter tauchen vermehrt auf", hat Fiedler beobachtet. Die regenreichen Monate April und Mai hätten Vorarbeit geleistet, weil die Raupen viel zu fressen gefunden hätten.

Dass sich die Hitze auf Insekten stärker auswirkt als auf andere Tiere, liegt daran, dass die Sechsbeiner wechselwarm sind. Dadurch sind sie in ihrer Lebensweise und bei der Fortpflanzung stark von der Außentemperatur abhängig. Deswegen gebe es aber auch Insekten, die unter der großen Wärme leiden, sagt Klaus Fischer, Tierökologe an der Universität Bayreuth. Weil Pflanzen vertrocknen, werde den Tierchen die Nahrungsgrundlage entzogen. Auch Wassermangel setze einigen Arten zu. Daher seien Stechmücken nur in der Nähe von Gewässern in großer Zahl anzutreffen. In trockenen Gegenden seien die Blutsauger in diesem Jahr dagegen sogar seltener als üblich.

Die Insektenschar werde den Menschen vermutlich noch Monate begleiten, selbst wenn jetzt die Temperaturen sinken. So gehe es dem Borkenkäfer derzeit hervorragend. „Er kann die Bäume, die durch die Hitze geschädigt sind, leicht befallen", sagt Richard Mergner, Landesbeauftragter des Bundes für Naturschutz in Bayern. Für Herbst und Frühjahr rechnet Mergner mit einer Borkenkäfer-Plage. Denn dann werden die Larven des Holzschädlings, die jetzt in großer Zahl schlüpfen, erneut Nachwuchs bekommen. *Süddeutsche Zeitung, 28. 7. 06*

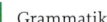

1 *a) Lies den Text auf S. 25 und unterstreiche alle Textstellen, die in indirekter Rede stehen.*
b) Unterstreiche, wo es ihn gibt, den einleitenden Hauptsatz der indirekten Rede in einer zweiten Farbe.
c) Markiere die Personalformen der Verben im Konjunktiv.

TIPP

Auch in der indirekten Rede gelten die Anwendungsregeln für die **Ersatzformen** des Konjunktivs (▷ S. 27).

d) Schreibe die Konjunktivformen mit Zeilenangabe heraus und bestimme: Konjunktiv I oder Konjunktiv II? Erkläre gegebenenfalls, warum der Konjunktiv II verwendet wird.

Konjunktiv I	Konjunktiv II
	Erklärung:

2 *Unterstreiche im Text auf S. 25 in einer weiteren Farbe alle Textstellen, die in wörtlicher Rede stehen. Übertrage diese Textstellen in die indirekte Rede.*

Ersatzformen

☐ Wenn der Konjunktiv I (im Textzusammenhang) nicht vom Indikativ Präsens zu unterscheiden ist, verwendet man den Konjunktiv II als Ersatzform oder die Umschreibung mit „würde", z. B.:
Die Teamsprecherin sagt: „Wir *gewinnen* heute." (wörtliche Rede im Indikativ)
„Die Teamsprecherin sagt, sie *gewinnen* heute." (Konjunktiv I geht nicht)
„Die Teamsprecherin sagt, sie *gewännen* heute." (Konjunktiv II als Ersatzform)
„Die Teamsprecherin sagt, sie *würden* heute *gewinnen*." (Umschreibung mit „würde")
Ist der Konjunktiv II formgleich mit dem Indikativ Präteritum, wird die „würde"-Form gewählt..

☐ Auch wenn der Konjunktiv II als ungebräuchlich oder unschön empfunden wird, kann man die Ersatzform mit „würde" bilden, z. B.: „Der Bäcker (*backte*) *würde* gern ein Brot *backen*."

3 *Kreuze die richtige Personalform des Verbs an und trage sie in die Lücken ein.*
BEACHTE: Es gibt immer zwei Lücken, dennoch ist die Personalform des Verbs in einigen Fällen einteilig.

Hitzerekorde

① Die Meteorologen melden, dieses Jahr _____ im Juli alle Hitzerekorde _____.

☐ schlüge ☐ werde ... schlagen ☐ würden ... schlagen

② Die Zeitungen melden täglich, die Deutschen _____ unter extremer Sommerhitze

_____ und ein Ende des „Sahara-Sommers" _____ noch nicht in Sicht

_____.

☐ schwitzen ☐ schwitzten ☐ würden ... schwitzen

☐ sei ☐ wäre ☐ würde ... sein

③ Der Sprecher des Bauernverbandes verkündet vorsorglich, die Bauern _____ um

ihre Erträge bei Mais, Kartoffeln und Zuckerrüben _____.

☐ fürchten ☐ fürchteten ☐ würden ... fürchten

④ Er betont aber, grundsätzlich _____ die Landwirte mit Hitze und Trockenheit weniger

Probleme als mit Kälte und Feuchtigkeit _____.

☐ haben ☐ hätten ☐ würden ... haben

⑤ Eine Zoo-Sprecherin gibt bekannt, in den Zoos _____ die Tiere trotz Hitze relativ cool

_____: Sie _____ faul unter dem Sonnenschirm _____.

☐ bleiben ☐ blieben ☐ würden ... bleiben

☐ liegen ☐ lägen ☐ würden ... liegen

Formen der Redewiedergabe

> Für die **Wiedergabe von wörtlicher Rede** gibt es neben der indirekten Rede noch andere Möglichkeiten:
> ☐ **wörtliche Rede:** „Wir haben tolle Bedingungen zum Dreschen", sagt Bauer Roth.
> ☐ **Zitat:** „Tolle Bedingungen zum Dreschen" vermeldet Bauer Roth.
> ☐ **Paraphrase** (Umschreibung): Bauer Roth ist von den Bedingungen zum Dreschen ganz begeistert.

1 *Schreibe aus dem Zeitungsartikel auf S. 25 die zwei Textstellen heraus, in denen Aussagen paraphrasiert werden. Gib die Zeilen an.*

1. _____

_____

2. _____

_____

☆ **2** *Übertrage die wörtliche Rede aus dem folgenden Interview mit der Schwimmweltmeisterin Britta Steffen in die jeweils angegebene Form der Redewiedergabe: Paraphrase, Zitat oder indirekte Rede.*

„Augen zu und durch" zum Weltrekord

2.8.2006: Ungläubig schaute Britta Steffen nach ihrem Sieg über 100 Meter Freistil bei der EM in Budapest auf die Anzeigetafel. 53,30 Sekunden – Weltrekord. Im Interview spricht die Berlinerin über ihre Freude sowie Nah- und Fernziele.

Frage: „Britta Steffen, haben Sie nach der Weltbestzeit in der Staffel damit gerechnet, auch im Einzel über 100 Meter Freistil Weltrekord schwimmen zu können?"

Indirekte Frage: _____

_____

_____

_____

Britta Steffen: „Zu diesem Zeitpunkt auf keinen Fall. Nach der Staffel habe ich gedacht: Augen zu und schauen, was passiert. Dass es Weltrekord wurde, ist für mich jetzt noch unfassbar."

Paraphrase + Zitat: _____

_____

_____

_____

Frage: „Wie erklären Sie sich diese Leistungssteigerung?"

Paraphrase: _____

_____

_____

_____

Britta Steffen: „Ich bin bei Olympia 2000 und 2004 nur in den Staffeln gestartet. Das hat mir definitiv nicht gereicht. Danach habe ich mich voll auf das Studium konzentriert. Dort habe ich gemerkt, dass ich es noch einmal probieren will. Jetzt ist mein Kopf frei."

Indirekte Rede: _____

_____

_____   _____

_____   _____

_____   _____

Frage: „Es gibt einige Parallelen zu Franziska van Almsick, die bei der EM vor vier Jahren ebenfalls Weltrekord in der Staffel und im Einzel schwamm ...“

Indirekte Rede: _____

_____

_____

_____

Britta Steffen: „Das Weltrekord-Rennen von Franzi [...] hat mich wie wohl alle wirklich bewegt. Aber ich habe damals nicht gedacht, dass ich so etwas selbst schaffen kann.“

Indirekte Rede: _____

_____

Frage: „Wie sehen nun Ihre Ziele aus?“

Paraphrase: _____

_____

Britta Steffen: „Das große Ziel ist natürlich Olympia 2008 in Peking. Da will ich mich mit den Besten messen. Da will ich ganz vorn mitmischen.“

Paraphrase + Zitat: _____

_____

_____

_____

☆ **3** *Verwende das Interview mit Britta Steffen, um einen Bericht über ihren Weltrekord zu schreiben. Schreibe in dein Heft. Achte auf die indirekte Rede, formuliere auch Paraphrasen.*

4 *Um welche Form der Redewiedergabe handelt es sich bei folgenden Textzeilen (vgl. Schlagzeile und Einleitungstext)? Kreuze die richtige Antwort an.*

„Augen zu und durch“ zum Weltrekord

☐ Wörtliche Rede   ☐ Indirekte Rede   ☐ Paraphrase   ☐ Zitat

Im Interview spricht die Berlinerin über ihre Freude sowie Nah- und Fernziele.

☐ Wörtliche Rede   ☐ Indirekte Rede   ☐ Paraphrase   ☐ Zitat

Modalverben

> Die Verben *können, sollen, müssen, dürfen, wollen, mögen* bezeichnet man als **Modalverben.**
> Das Modalverb steht in der Personalform, das Vollverb im Infinitiv: „Sie *kann* schwimmen."
> Durch ein Modalverb wird der Bedeutung des Vollverbs ein bestimmter Aspekt hinzugefügt:
>
> | **können** | **sollen** | **müssen** | **dürfen** | **wollen** | **mögen** |
> |---|---|---|---|---|---|
> | Möglichkeit | Regelung | Gebot | Erlaubnis | Absicht | Wunsch |
> | Fähigkeit | Auflage | Zwang | Möglichkeit | Bereitschaft | Möglichkeit |

1 *Unterstreiche im folgenden Text alle Modalverben blau und alle dazugehörigen Vollverben grün. Beachte Aktiv- und Passivformen.*

Einmal Erster sein!

Viele Menschen möchten in ihrem Leben gern einmal einen Weltrekord aufstellen. Vor allem im Sport wollen die Athleten am liebsten besser sein als alle anderen. Allerdings müssen trotz allen Ehrgeizes im Sport bestimmte Regeln eingehalten werden. So dürfen Sportlerinnen und Sportler ihre Leistungsfähigkeit nicht mit Doping-Mitteln steigern. Auch sollen die Gebote der Fairness eingehalten werden. Deshalb darf beim Fußball zum Beispiel nicht gefoult werden.

2 *Trage das jeweils passende Modalverb in die Textlücke ein und schreibe in Klammern dahinter, welcher Aspekt ausgedrückt werden soll.*

Weil nicht alle Radfahrer, Schwimmerinnen oder Leichtathleten auf leistungssteigernde Mittel verzichten

_____ (_____), _____ (_____)

mehr Institutionen eingerichtet werden, die die Sportlerinnen und Sportler kontrollieren _____

(_____). Wenn im Nachhinein nachgewiesen werden _____

5 (_____), dass ein Rekord oder ein Sieg mit unlauteren Mitteln erreicht wurde,

_____ (_____) er nachträglich wieder aberkannt werden. Viele Sport-

begeisterte _____ (_____) erreichen, dass vom Staat ein Anti-Doping-

Gesetz erlassen wird, weil alle die gleichen Chancen haben _____ (_____)

und weil besonders die jungen Sportlerinnen und Sportler nicht mit Medikamenten ihre Gesundheit ruinieren

10 _____ (_____). Bei Mannschaftsspielen _____

(_____) sich die Spielerinnen und Spieler den Entscheidungen des Schiedsrichters beugen.

Auch wenn sie gern ihren Ärger über eine vermeintliche Fehlentscheidung loswerden _____

(_____), _____ (_____) sie dem Schiedsrichter

nicht ihre Meinung, womöglich in aggressiver Form, sagen.

Teste dich! – Konjunktiv und Redewiedergabe

1 a) *Wie werden Konjunktivformen gebildet? Kreuze die zwei richtigen Aussagen an.*

☐ Kennzeichen für die Konjunktiv-Endungen ist das eingeschobene *-e-*.

☐ Beim Konjunktiv I hängt man die Konjunktiv-Endung an die Präsensform des Verbs.

☐ Beim Konjunktiv II wird die Konjunktiv-Endung an den Verbstamm im Präteritum gehängt.

☐ Für den Konjunktiv I wird der Umlaut vom Stammvokal gebildet.

b) *Korrigiere die zwei falschen Aussagen und schreibe die Regeln auf.*

_____

_____

2 a) *Wie werden Konjunktivformen verwendet? Streiche die falschen Aussagen durch.*

① Der Konjunktiv I wird für die indirekte Rede verwendet.

② Der Konjunktiv II, auch Irrealis genannt, drückt einen erfüllbaren Wunsch aus.

③ Konjunktiv II muss verwendet werden, wenn der Konjunktiv I nicht vom Indikativ Präsens zu unterscheiden ist.

④ Der Konjunktiv II wird auch benutzt, um eine höfliche Aufforderung auszudrücken.

b) *Ordne den folgenden Beispielsätzen die passende Satznummer aus Aufgabe a) zu.*

☐ Der Trainer betont, seine Leute nähmen keine Dopingmittel ein.

☐ Die Sportlerin bat den Journalisten: „Könnten Sie mich bitte in Ruhe lassen?"

☐ Der Sportreporter berichtete, schon wieder sei ein Weltrekord gebrochen worden.

☐ Das Olympiakomitee sagt, strenge Dopingkontrollen seien geplant.

3 a) *Unterstreiche in den beiden folgenden Sätzen die Modalverben.*

Die Sportministerin forderte: „Wir müssen alles tun, damit niemand mehr unlautere Siege erringen kann."

Der Sprinter erklärte: „Ich will meinen Erfolg bei der nächsten Weltmeisterschaft fortsetzen."

b) *Gib die Aussagen in indirekter Rede wieder.*

_____

_____

c) *Um welche Art der Redewiedergabe handelt es sich im folgenden Satz:*

Der Radsportler kündigte mit dem Ende der Saison seinen Ausstieg aus dem Geschäft an.

☐ wörtliche Rede ☐ indirekte Rede ☐ Paraphrase ☐ Zitat

Werte deine Ergebnisse aus, indem du deine Antworten mit dem Lösungsheft abgleichst. Für jede richtige Antwort bekommst du einen Punkt.

 16–12 Punkte
Gut gemacht!

11–8 Punkte
Gar nicht schlecht. Schau dir die Merkkästen der Seiten 23 bis 30 noch einmal an.

 7–0 Punkte
Arbeite die Seiten 23 bis 30
noch einmal sorgfältig durch.

Satzglieder und Satzgliederweiterungen

Ein Satz setzt sich aus verschiedenen **Satzgliedern** zusammen. Ob ein einzelnes Wort oder eine Wortgruppe ein Satzglied bildet, erkennt man durch die **Umstellprobe:**
Satzglieder lassen sich umstellen, ohne dass sich der Sinn des Satzes verändert, z. B.:
„Im Strandschneckenspucken hält Alain Jourdren seit vielen Jahren den Rekord".
„Alain Jourdren hält im Strandschneckenspucken seit vielen Jahren den Rekord".

TIPP: Das einteilige Prädikat steht im Hauptsatz immer an zweiter Satzgliedstelle.

Attribute sind nur Teile von Satzgliedern. Sie werden mit dem jeweiligen Satzglied zusammen umgestellt, z. B.: „seit *vielen* Jahren".

1 *Der Beispielsatz aus dem Merkkasten lässt sich noch weiter umstellen. Schreibe mindestens drei weitere Beispiele in dein Heft.*

2 *Ergänze das Netzwerk zu den Satzgliedern: Füge die Fachbegriffe richtig ein.*

> Genitivobjekt   Warum?   Dativobjekt   Ort/lokal   Präpositionalobjekt   Zeit/temporal
> adverbiale Bestimmung   Wer oder was?   Objekt   Wo?   Prädikat   ~~Wofür?/Worauf?/Wonach?~~   Wem?
> Wann?   Subjekt   Wen oder was?   Akkusativobjekt   Grund/kausal   ~~Art und Weise/modal~~   Wessen?   Wie?

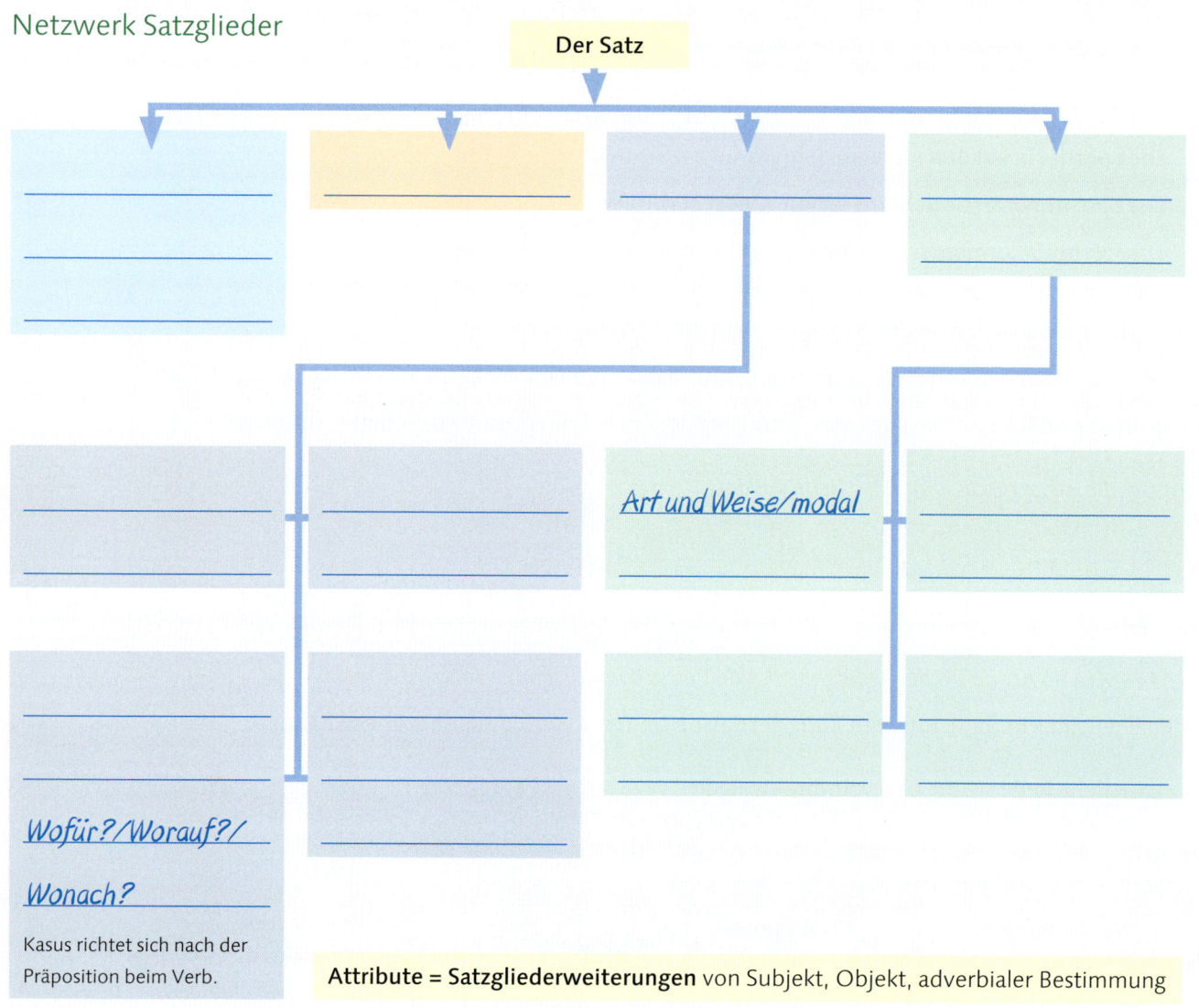

Netzwerk Satzglieder

Art und Weise/modal

Wofür?/Worauf?/
Wonach?

Kasus richtet sich nach der Präposition beim Verb.

Attribute = Satzgliederweiterungen von Subjekt, Objekt, adverbialer Bestimmung

ARBEITSTECHNIK

Satzgliedproben zur Textüberarbeitung

Beachte, dass ein Kernsatz aus Subjekt, Prädikat und (meist) Objekt besteht.

- ☐ Mit der **Frageprobe** kannst du prüfen, ob du den richtigen Kasus verwendet hast:
  - ■ Frage z. B. nach dem Subjekt mit „Wer oder was ...?" (Nominativ),
  - ■ nach den Objekten: „Wen oder was?" (Akkusativ), „Wem?" (Dativ), „Wessen?" (Genitiv).

  Markiere vor Durchführung der Frageprobe das Prädikat. Du benötigst es, um deine Fragen zu formulieren. Beachte: Prädikate können mehrteilig sein.

- ☐ Die **Ersatzprobe** hilft dir, abwechslungsreich zu schreiben. Ersetze z. B. ein Subjekt durch ein anderes: „die Zoologin", „die Wissenschaftlerin", „die Forscherin" ...

- ☐ Mit der **Erweiterungsprobe** kannst du aussagekräftiger und genauer schreiben. Füge Objekte, adverbiale Bestimmungen oder Attribute hinzu, z. B: „Die Zoologin vergisst alles." → „Für ihre Forschung vergisst die Zoologin alles."

- ☐ Die **Weglassprobe** erleichtert es, Überflüssiges zu streichen. Du schreibst sachlicher.

1 *Den Kernsatz musst du bei der Weglassprobe stehen lassen. Welche Satzglieder darfst du also nicht streichen?*

_____

2 *Führe mit den folgenden Sätzen die Ersatz-, die Erweiterungs- oder die Weglassprobe durch.*

Stöger-Horwath arbeitet an einem weltweit einzigartigen Projekt.

_____

Stöger-Horwath erforscht die Sprache der Elefanten in Gefangenschaft.

_____

Stöger-Horwath benutzt Spezialmikrofone und Digitalrekorder.

_____

3 *Führe die Frageprobe für die drei folgenden Sätze durch.*
a) Unterstreiche das Prädikat.
b) Ergänze die fehlenden Artikel im richtigen Kasus.
c) Trage in die Klammern den Kasus ein.

_____ (_____) Elefanten benutzen zur

Lauterzeugung _____ (_____) Kehlkopf,

_____ (_____) Stimmbänder und

_____ (_____) Rüssel. Tausende von Tönen,

Trompetenstößen und Grunzlauten hat _____ (_____) Zoologin festgehalten.

_____ (_____) afrikanischen Steppenelefanten ist _____ (_____)

Erforschung gleichgültig.

Adverbiale Bestimmungen erfragen

Satzglieder, die man mit Fragen wie „Wann?", „Wo?", „Wie?" oder „Warum?" herausfindet, heißen adverbiale Bestimmungen. Sie bestimmen die Umstände eines Geschehens, eines Ablaufes, eines Projektes genauer:

„Eine Zoologin hat ein Sprachforschungsprojekt begonnen."

in Wien   *im Jahre 2003*   *mit Elefanten*
Wo?   Wann?   Mit wem?/Womit?

Man unterscheidet folgende adverbiale Bestimmungen:

Adverbiale Bestimmungen

lokal		kausal	temporal		modal
Ort	**Richtung**	**Grund und Ursache**	**Zeitpunkt**	**Dauer**	**Art und Weise**
Wo?	*Woher?*	*Warum?*	*Bis wann?*	*Wie oft?*	*Wie?*
Wie weit?	*Wohin?*	*In welchem Fall?*	*Seit wann?*	*Wie lange?*	*Wie viel?*
		Mit welcher Folge?	*Wann?*		*Wie sehr?*
		Wozu?			*Womit?*
		Trotz wessen?			*Wodurch?*
					Mit wem?

4 *Adverbiale Bestimmungen der **Zeit** (= temporale Angaben) vermitteln z.B., seit wann ein Projekt läuft oder wann sich etwas entwickelt hat. Markiere in den folgenden Sätzen die adverbialen Bestimmungen der Zeit.*

Alles begann vor etwa drei Jahren. Nach ihrem Examen bot sich der Zoologin mit der Geburt des Elefantenbullen Abu die einmalige Chance, das Sprachverhalten dieser Tiere von Geburt an zu verfolgen. Inzwischen hat sich zu Abu noch die kleine Mongu gesellt.

5 *Was erfährst du in den folgenden Sätzen über die Umstände dieses außergewöhnlichen Projektes?*
a) Markiere die adverbialen Bestimmungen.
b) Schreibe auf, um welche Art es sich handelt: <u>Wo? – Ort,</u>

Stöger-Horwath ist <u>weltweit</u> die einzige Forscherin, die eine kleine Elefantenherde über einen längeren Zeitraum studiert hat. Moderne Computer und extrem empfindliche Aufzeichnungsgeräte haben die Studie aus sicherer Entfernung ermöglicht. Hautnah an die Dickhäuter heranzugehen, wäre zu gefährlich.

!

Satzgliederweiterungen: Attribute
Attribute sind Teile von Satzgliedern, sie werden bei der Umstellprobe mit dem Satzglied zusammen verschoben. Wir unterscheiden unter anderem Adjektivattribute (z. B. „die *kleine* Herde"), Genitivattribute (z. B. „die Herde *der Elefanten*") oder präpositionale Attribute (z. B. „Elefanten *in Gefangenschaft*").

☆ **6** *a) Markiere in den folgenden Satzteilen die Attribute.*
b) Bestimme die Art der Attribute.

Das Sprachverhalten dieser Tiere studieren. _____

Die Elefanten aus sicherer Entfernung beobachten. _____

Den Tiergarten von Wien besuchen. _____

Wiederholung: Satzreihe/Satzgefüge

Ein zusammengesetzter Satz, der aus zwei oder mehr Hauptsätzen (HS) besteht, wird **Satzreihe** genannt.
Die Hauptsätze werden manchmal nur durch ein **Komma** getrennt.
„Fabeln sind kurze Erzähltexte, ihre Hauptfiguren sind Tiere."
―――― HS ―――― , ―――― HS ―――― .

Meist werden die Hauptsätze durch nebenordnende Konjunktionen (z. B. „und", „denn", „oder", „aber",
„doch") verbunden. Vor diesen Konjunktionen steht ein **Komma,** vor „und" bzw. „oder" kann es entfallen.
„Bereits in der Antike gab es Fabeln, aber auch moderne Schriftsteller schreiben sie."
―――― HS ―――― , Konjunktion ―――― HS ―――― .

Ein **Satzgefüge** besteht aus mindestens einem Hauptsatz (HS) und mindestens einem Nebensatz (NS).
Ein Nebensatz kann hinter, vor oder innerhalb eines Hauptsatzes stehen.
„Fabeln sind reizvoll zu lesen, weil sie eine Lehre beinhalten."
―――― HS ―――― ,
      Konjunktion ―――― NS ―――― .
Hauptsatz und Nebensatz werden immer durch **Komma** voneinander getrennt.

1 *Untersuche die Sätze der Fabel.*

TIPP

Bist du unsicher, welchen Satz du vor dir hast? Prüfe, wo im Satz die **Personalform des Verbs** steht:
☐ Im **Hauptsatz** steht sie immer **an zweiter Stelle** nach dem ersten Satzglied.
☐ Im **Nebensatz** steht sie **an dessen Ende.**

a) Markiere in jedem Satz der Fabel die Personalform des Verbs.
b) Schreibe auf, ob es sich um einen einfachen Hauptsatz (HS), eine Satzreihe (SR) oder ein Satzgefüge (SG) handelt.

Der Löwe und die Maus (nach Äsop)

Auf seinem Streifzug durch den Wald hatte der Löwe ein kleines Mäuschen gefangen, das er nun genüsslich verzehren wollte. (_____) Das arme Tier bat jedoch verzweifelt (_____): „Lass mich laufen! (_____) Für den Hunger eines so großen Tieres, wie du eines bist, da bin ich viel zu klein. (_____) Außerdem kann ich dir vielleicht auch einmal helfen, wenn du in Gefahr bist!" (_____) Darüber musste der mächtige Löwe sehr lachen; aber er ließ die kleine Maus dennoch laufen, weil sie ihm in gewisser Weise leidtat. (_____) Einige Wochen später verfing sich der Löwe in einem gewaltigen Netz und er konnte sich nicht mehr befreien. (_____) Den nahen Tod vor Augen schrie er mit mächtiger Stimme. (_____) Das hörte die Maus aus der Ferne. (_____) Schnell rannte sie zu ihm und sie nagte mit ihren scharfen Zähnen das Netz entzwei. (_____) So kam es, dass der König der Tiere einer Maus sein Leben verdankte. (_____)

2 *Wähle drei verschiedene Satzarten aus der Fabel aus und lege dazu ein ▷ Stufenmodell (▷ S. 36) an. Schreibe in dein Heft.*

3 *Schreibe die Fabel so um, dass du Satzreihen in Satzgefüge umformst und umgekehrt. Denke an eine veränderte Zeichensetzung. Schreibe ins Heft.*

Adverbialsätze

 Nebensätze können die Rolle von Satzgliedern übernehmen. Sie heißen dann auch **Gliedsätze.** Wenn diese Gliedsätze die Rolle der adverbialen Bestimmungen haben, nennt man sie Adverbialsätze, z. B.:

adverbiale Bestimmung der Zeit (wann? temporal)

„Die wissenschaftliche Erforschung des Mondes setzt nach der Erfindung des Fernrohrs zu Beginn des 17. Jahrhunderts ein."

„Die wissenschaftliche Erforschung des Mondes setzt zu Beginn des 17. Jahrhunderts ein, nachdem das Fernrohr erfunden worden ist."

Adverbialsatz (temporal)

Mit Adverbialsätzen lassen sich z. B. naturwissenschaftliche Zusammenhänge begründen und erklären. Die **Stufenmodelle** zeigen, wo HS und GS im Satzgefüge stehen können:

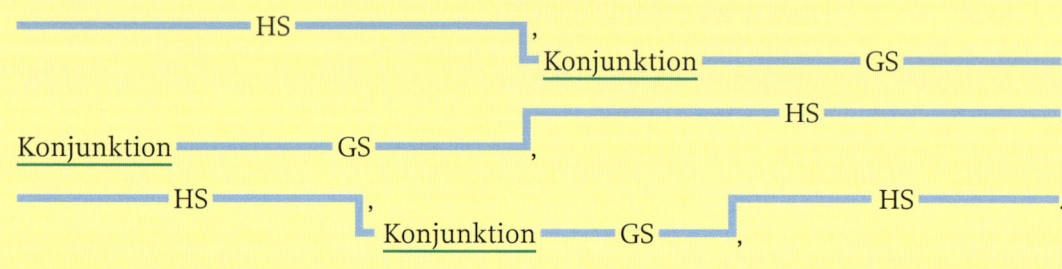

1 a) Lies die beiden Sätze genau durch und setze die Kommas an die richtige Stelle.
b) Zeichne die dazugehörigen Stufenmodelle.
c) Stelle beide Sätze sinnvoll um und entwickle dazu passende Stufenmodelle. Arbeite im Heft.

> Weil immer bessere Fernrohre und Beobachtungs- und Zeichenverfahren entwickelt wurden entstanden im Laufe der Zeit detaillierte Mondkarten.

> Das Bild vom Mond wurde grundlegend vertieft als die erste Raumsonde ihn erkundete.

Es gibt verschiedene **Typen von Adverbialsätzen:**
1. **Temporalsätze** (Zeit): „Die wissenschaftliche Erforschung des Mondes setzte ein, *nachdem das Fernrohr erfunden worden war.*"
2. **Konditionalsätze** (Bedingung): „*Falls Menschen das Weltall verstehen wollten,* mussten sie die Himmelskörper erforschen."
3. **Kausalsätze** (Grund): „*Weil es regelmäßig wiederkehrende Mondphasen gibt,* bildete der Mond schon früh die Grundlage des Kalendersystems."
4. **Konzessivsätze** (Gegengrund): „*Obwohl Berge und Meere näher liegen als Himmelskörper,* entstand die Astronomie früher als die Geologie oder Geografie."
5. **Finalsätze** (Zweck): „*Damit man den Mond genauer erforschen konnte,* wurden im Jahre 1968 erstmals Menschen dorthin gebracht."
6. **Konsekutivsätze** (Folge): „Der Mond bewegt sich auf einer elliptischen Bahn, *sodass die Entfernung zur Erde zwischen rund 356 000 km und 407 000 km schwankt.*"

Temporalsätze geben Zeitverhältnisse an. Du fragst: „Wann …?", „Seit wann …?", „Wie lange …?".
Der Gliedsatz schließt z. B. mit den Konjunktionen „als", „während", „nachdem", „bis" an.
Konditionalsätze geben eine Bedingung an. Du fragst: „Unter welcher Bedingung …?", „Wann …?".
Sie werden z. B. mit den Konjunktionen „wenn"; „falls", „sofern" eingeleitet.
Kausalsätze geben einen Grund oder eine Ursache an. Du fragst: „Warum …?", „Aus welchem Grund …?".
Anschließende Konjunktionen sind meist „weil", „da", „zumal".

2 a) Markiere in den folgenden Sätzen die Konjunktionen, die die Adverbialsätze einleiten.
b) Notiere die Gliedsatzfrage und bestimme darüber die Art des Gliedsatzes.

Mondfinsternis

A Weil der Mond auf einer elliptischen Bahnform um die Erde kreist, schwankt seine Entfernung zu ihr zwischen rund 356 000 km und 407 000 km.

_____

B Eine Mondfinsternis kommt zu Stande, nachdem der Mond bei seinem Umlauf um die Erde in den Schatten unseres Planeten getreten ist.

_____

C Sofern der Mond vollständig durch den Kernschatten läuft, sprechen wir von einer totalen Mondfinsternis.

_____

D Falls der Kernschatten nur teilweise berührt wird, spricht man von einer partiellen Mondfinsternis.

_____

E Weil der Mond sich um die Erde bewegt, steht er oft direkt in der Verbindungslinie von der Sonne zur Erde.

_____

F Da der Kernschatten der Erde von einem viel größeren Halbschatten umgeben ist, läuft der Erdtrabant manchmal lediglich durch den Halbschatten.

_____

Grammatik

Konzessivsätze drücken einen unzureichenden Gegengrund aus. Du fragst: „Trotz (welcher Gegengründe) ...?".
Der Gliedsatz schließt z. B. mit der Konjunktion „obwohl", „obgleich", „wenngleich", „wenn auch" an.
Finalsätze geben den Zweck oder die Absicht einer Aussage an. Du fragst: „Mit welcher Absicht ...?", „Zu welchem
Zweck ...?", „Wozu ...?". Einleitewörter sind „damit", „auf dass".
Konsekutivsätze geben Folgen oder Wirkungen an. Frage: „Mit welcher Folge ...?" „Mit welcher Wirkung ...?".
Konjunktionen sind „sodass" (auch „so ..., dass"), „als dass".

3 *Ergänze in den folgenden Sätzen die passende Konjunktion. Stelle zuerst die Gliedsatzfrage.*

| *wenn ... auch* | *sodass* | *obwohl* | *damit* |

A _____ stets die Hälfte des Mondes von der Sonne beleuchtet wird,

betrachten wir von der Erde aus den Mond unter verschiedenen Blickwinkeln.

B Manchmal steht der Mond genau gegenüber der Sonne, _____ wir

einen Vollmond beobachten können.

C _____ man wieder einen Vollmond sehen kann, muss man etwa

29,5 Tage Geduld haben.

D _____ man dem Vollmond _____ störenden Einfluss

auf die Nachtruhe nachsagt, so schlafen die meisten Menschen doch gut.

4 *a) Bilde Satzgefüge mit Adverbialsätzen. Wähle die richtige Konjunktion aus.*
b) Bestimme die Art des Adverbialsatzes.

A Im Wasser der Ozeane bilden sich Gezeitenwellen heraus.
Ursache: Anziehungskraft des Mondes

_____

_____

Art: _____

B Die Wellenberge liegen annähernd auf einer Geraden zum Mond.
Zeitverhältnis (gleichzeitig): Erde dreht sich unter ihnen hinweg.

_____

_____

Art: _____

C Dies beeinflusst die offenen Meere.
Wirkung: an den Küsten im Abstand von etwa sechs Stunden ein hoher und niedriger Wasserstand zu beobachten

_____

_____

Art: _____

Inhaltssätze

Inhaltssätze sind Gliedsätze, die die Rolle von Subjekt oder Objekt in Sätzen übernehmen können. Sie heißen daher auch Subjektsätze oder Objektsätze und lassen sich wie Subjekte oder Objekte erfragen, z. B.:

□ „Wer einen berühmten deutschen Dichter kennen lernen möchte, der sollte Werke von Friedrich Schiller lesen."
Frageprobe für den **Subjektsatz: Wer** oder **was** sollte Werke von Friedrich Schiller lesen?

□ „Ich wusste, dass ich diesen Namen schon mal gehört hatte."
Frageprobe für den **Objektsatz: Wen** oder **was** wusste ich?

Subjekt- und Objektsätze geben den Inhalt dessen an, was man weiß, sagt, fragt, vermutet, hofft, wünscht; was klar oder unklar ist. Deshalb nennt man diese Gliedsätze auch Inhaltssätze.
Inhaltssätze werden vom Hauptsatz durch **Komma** abgetrennt. Oft werden sie mit der Konjunktion „dass" eingeleitet.

1 a) Unterstreiche die Inhaltssätze.
b) Markiere das Verb im Hauptsatz, von dem sie abhängen.
c) Setze die fehlenden Kommas.

Möglichst Schiller

In Marbach am Neckar erblickte Friedrich Schiller 1759 das Licht der Welt. Er war sich selbst sicher dass er zum Dichter geboren war. Schon in der Schule schrieb er zum Teil heimlich. Mancher fragt sich warum man noch Werke von einem 200 Jahre alten Dichter lesen sollte. Die Germanistinnen Christiana Engelmann und Claudia Kaiser sind davon überzeugt dass Schillers Bühnenstücke und Balladen, seine Erzählungen und historischen Schriften bis zum heutigen Tag nichts an Kraft verloren haben. Sie wünschen sich dass sich viele junge Leserinnen und Leser für ihr Lesebuch „Möglichst Schiller" interessieren.

2 *Führe für die folgenden Sätze die Frageprobe durch und bestimme: Subjekt- oder Objektsatz?*

Wie zeitlos Schillers Themen sind, zeigen Christiana Engelmann und Claudia Kaiser.

Frageprobe: _____

Bestimmung: _____

Wer etwas über den lebensfrohen, energiegeladenen Dichter erfahren möchte, der ist hier an der richtigen Adresse.

Frageprobe: _____

Bestimmung: _____

Der Leser erfährt nicht zuletzt, dass Schiller auch für die heutige Zeit interessante Ideen hatte.

Frageprobe: _____

Bestimmung: _____

> ❗ **Formen von Inhaltssätzen**
>
> | | |
> |---|---|
> | **dass-Satz** | „Es ist bekannt, *dass Schiller eine so genannte ‚Militär-Pflanzschule' besuchte.*"
 Rechtschreibtipp: Die Konjunktion „dass" in Inhaltssätzen schreibt man immer mit **-ss**. |
> | **indirekter Fragesatz** (eingeleitet z. B. mit „ob", „warum", „wie") | „Man fragt sich, *wie der junge Schiller mit der strengen militärischen Erziehung zurechtkam.*" |
> | **Infinitivsatz** (satzwertiger Infinitiv, ▷ S. 43) | „Die Erzieher stellten sich darauf ein, *den ehrgeizigen, aber schwierigen Jungen zu disziplinieren.*" |

3 *Unterstreiche die Inhaltssätze und bestimme ihre Form.*

Schiller kann sich nicht damit abfinden, <u>dass er auf dem Internat abgeschottet von der Außenwelt leben muss.</u>

dass-Satz _____

Für heutige Erziehungsvorstellungen völlig unverständlich ist, warum die Jugendlichen ihre Familien nie besuchen

durften. _____

Es hieß, dass jeder Schüler dem Herzog gehöre. _____

Man fragt sich, wie Schiller mit diesen strengen Regeln zurechtkam: Er schrieb darüber.

_____

Dass heimliches Schreiben hart bestraft werden würde, war klar. _____

Ständig musste er Angst haben, entdeckt zu werden. _____

Schiller zog es deshalb vor, nachts unter der Bettdecke bei Kerzenschein zu schreiben.

_____

Mehrfach galt es, den abendlichen oder gar nächtlichen Kontrollen des Herzogs zu entkommen.

_____

Es ist überliefert, dass er manchmal erwischt wurde und Stockhiebe oder Arrest erhielt.

_____

4 *Setze in den folgenden Sätzen die Kommas.*

Der Traum vieler Jugendlicher damals war es ein berühmter Dichter zu werden.

Dass man mit Schriftstellerei auch ohne Adelstitel oder Geld Bedeutung erlangen könnte glaubten einige von ihnen.

Deshalb muss man sich nicht wundern warum sich die hellsten Köpfe zum Lesen und Diskutieren verbotener Bücher trafen.

Relativsätze

Ein Nebensatz, der ein Bezugswort näher erläutert, heißt Relativsatz. Er hat im Satz die Rolle eines Attributs. Kennzeichen des Relativsatzes:

- ☐ Er wird durch ein Relativpronomen eingeleitet: „der", „die", „das" (ersetzbar durch: „welcher", „welche", „welches").
- ☐ Die Personalform des Verbs steht am Satzende.
- ☐ Er bezieht sich auf ein Nomen oder Pronomen im Hauptsatz.

„Das Werk, *das* Friedrich Schiller berühmt machte, war das Drama ‚Die Räuber'."

Rechtschreib-Tipp: Das Relativpronomen „das" schreibt man immer mit einem „s".
Es lässt sich durch „welches" ersetzen, z. B.: „Das Werk, welches ..."
Ein Relativsatz wird **immer** durch **Komma** abgetrennt. In den Hauptsatz eingeschobene Relativsätze schließen mit einem Komma (vgl. Beispielsatz).

1 a) Bilde Satzgefüge mit Relativsätzen. Füge die Kommas ein.
b) Markiere jeweils Relativpronomen und Bezugswort.

A Karl Moor ist ein gebildeter und reicher junger Mann. Er wird aber auf Grund familiärer Streitigkeiten aus der Bahn geworfen.

_____

_____

_____

B Für Karl sind seine Zeitgenossen Nichtskönner, Nieten, Loser. Sie würden Heldentaten nur noch aus der Literatur kennen.

_____

_____

_____

C Karl schließt sich einer Räuberbande an. Sie bricht alle Gesetze.

_____

D Viele Leser lieben diesen „wilden" Karl. Sie sehen in ihm einen neuen Robin Hood.

_____

_____

2 Wende den Rechtschreib-Tipp an: das oder dass? Streiche das falsche Wort durch.

Das Theaterstück, das/dass einen revolutionären Jugendlichen in den Mittelpunkt stellt, begeisterte das Publikum.

Das Theatererlebnis war so einschneidend, das/dass sich in einigen Gebieten Deutschlands Jugendliche in die Wälder zurückzogen, um wie Karl Moor zu leben.

41

Partizipgruppen

Partizipgruppen enthalten kein Verb in der Personalform, sondern ein Partizip. Sie können aber dennoch in einem Satz die Funktion von Gliedsätzen übernehmen. Deshalb nennt man sie auch **satzwertige Partizipien.**

Partizipgruppen müssen normalerweise nicht durch Kommas abgetrennt werden, z. B.:
„Von der deutschen Bevölkerung nur ‚Klinsi' genannt(,) war Jürgen Klinsmann in den Jahren 2004 bis 2006 Bundestrainer der deutschen Fußballnationalmannschaft."
Um die Gliederung des Satzes deutlich zu machen, kannst du sie aber immer setzen.

Kommas müssen gesetzt werden,
- wenn die Partizipgruppe als nachgestellte Erläuterung (oft am Satzende) steht, z. B.:
  „Jürgen Klinsmann war in den Jahren 2004 bis 2006 Bundestrainer der deutschen Nationalelf, anfangs mit Misstrauen beobachtet."
- wenn durch hinweisende Wörter auf die Partizipgruppe Bezug genommen wird, z. B.:
  „**So,** von den Fans bejubelt, freute sich Klinsmann über seinen Erfolg."

Stilistisch wirken Partizipgruppen manchmal etwas steif.

1 a) *Unterstreiche in den folgenden Sätzen die Partizipgruppen.*
b) *Setze die Kommas. Klammere sie ein, wenn sie nicht nötig sind. Umkreise die Kommas, die stehen müssen.*

A Von den Kritikern stark als tauglich bezweifelt setzte der Bundestrainer sein Trainingskonzept erfolgreich durch.

B So von Millionen Fans unterstützt spielte die Mannschaft hervorragend.

C Von der Fußballweltmeisterschaft berauscht schauten Sportbegeisterte anschließend noch die Tour de France.

D Von den Deutschen als „Weltmeister der Herzen" bezeichnet wurde die Mannschaft trotz ihres Scheiterns im Halbfinale gefeiert.

E Die Spieler gingen nach der WM in Urlaub von einer Welle der Euphorie getragen.

☆ c) *Zeichne Stufenmodelle zu den Sätzen mit einer Partizipgruppe, die durch Komma abgetrennt werden muss.*
Trage die Buchstaben der betroffenen Sätze ein. Beispiele für Stufenmodelle findest du auf ▷ *S. 35.*

Infinitivsätze

Ein Infinitivsatz besteht aus einem satzwertigen Infinitiv mit „zu" und mindestens einem weiteren Wort, z. B.: „Früher waren Reisende bestrebt, *exotische Pflanzen als Souvenir* **zu präsentieren.**"
Infinitivsätze werden mit **Komma** vom Hauptsatz abgetrennt,
- ☐ wenn der Infinitivsatz durch „um", „ohne", „statt", „anstatt", „außer", „als" eingeleitet wird, z. B.: „Im Jahre 1890 brachten zwei Franzosen die Herkulesstaude aus dem Kaukasus mit, **um die Daheim-gebliebenen zu beeindrucken.**"
- ☐ wenn der Infinitivsatz von einem Nomen oder von einem hinweisenden Wort abhängt, wie z. B. „daran", „ darauf" oder „es": „Sie hatten nie **die Absicht,** *der hiesigen Flora* **zu schaden.** Sie dachten nur **daran,** *diese* **zu bereichern.**"
In allen anderen Fällen kann das Komma zur Lesefreundlichkeit gesetzt werden, falsch ist es nie.

1 *Ein Satz – zwei Möglichkeiten! Der jeweilige Infinitivsatz ist kursiv gedruckt. Setze die Kommas.*

Es gelang den Fernreisenden *mit einfachen Mitteln die Riesenpflanze im Gepäck zu verstauen.*
Es gelang den Fernreisenden mit einfachen Mitteln *die Riesenpflanze im Gepäck zu verstauen.*

2 *a) Unterstreiche im folgenden Text die Infinitivsätze. Wo beginnen sie, wo enden sie?*
b) Setze die Kommas.

Hilfe – den Neophyten ist kaum zu entkommen

Als Neophyten bezeichnet man Pflanzen, die sich erst seit der letzten Völkerwanderung (3. bis 5. Jahrhundert) oder später in unseren Breiten angesiedelt haben statt in ihren Ursprungsländern zu verbleiben. Viele Reisende
5 lieben es exotische Pflanzen zu importieren. Experten raten grundsätzlich umzudenken. Zum Beispiel ist es schwer der Herkulesstaude beizukommen. Bis zu vier Meter hoch wird die Staude mit ihren weißen Blüten durchaus schön anzusehen. Es wird empfohlen bei
10 schönem Wetter jegliche Berührung zu vermeiden. Bei Sonne, warnen Wissenschaftler, sei mit verbrennungs-ähnlichen Erscheinungen wie Blasenbildung und Schwellungen zu rechnen. Wenn die giftige Pflanze in voller Blütenpracht steht, kann es nur noch darum gehen die Ausbreitung zu verhindern.

3 *Umkreise: Durch welches Wort wird der Infinitivsatz jeweils eingeleitet?*

15 Die Kolonien der Herkulesstauden müssen radikal gemäht werden, anstatt sie verblühen zu lassen.
Um die Pflanze dauerhaft auszurotten, ist das Ausstechen und Verbrennen vor der Blüte sehr empfehlenswert.
In manchen Städten wird die Ausbreitung der Pflanze nur beobachtet, statt sie flächendeckend zu bekämpfen.
Einige Grünflächenämter wollen das Problem lösen, ohne die Anwohner zu beunruhigen.

Teste dich! – Sätze, Satzglieder und Kommasetzung

Schläfst du schon oder träumst du noch?

1 *a) Regeln zu Satzgliedern – ergänze sie.*

A Das Subjekt eines Satzes erfragst du mit _____.

B Die Personalform des Verbs steht im Hauptsatz immer an _____ Satzgliedstelle.

C Adverbiale Bestimmungen machen Angaben zu _____.

b) Umkreise in den folgenden Sätzen die Satzglieder und bestimme sie.

D Ein Drittel seines Lebens verschläft der Mensch.

Satzgliedbestimmung: _____

E Ohne Probleme käme er mit weniger Schlaf aus.

Satzgliedbestimmung: _____

c) Unterstreiche in den folgenden Sätzen Satzglieder, die durch Attribute erweitert wurden.
d) Notiere: Aus welcher Wortart wurden diese Attribute gebildet?

F Ohne das Geräusch eines Staubsaugers oder Haartrockners würde

der britische Fußballprofi Wayne Rooney nicht einschlafen. _____

G Ein leises, wiederkehrendes Geräusch erleichtert vielen

Menschen das Einschlafen. _____

2 *a) Hauptsatz (HS), Satzreihe (SR) oder Satzgefüge (SG)? Schreibe hinter jeden Satz, worum es sich handelt.*

H Das Gebrumme und Gebrabbel im Hintergrund wirkt beruhigend und ermüdend. _____

I Aber die Einschlafgeräusche müssen vertraut sein, sie dürfen keine Aufregungen bieten. _____

J Zu viel Ruhe behindert das Einschlafen, da Stille beängstigend sein kann. _____

K Man hört nur den eigenen Herzschlag, man liegt wach und wartet darauf, dass

irgendein Geräusch die Lautlosigkeit durchbricht. _____

b) Erkläre die Kommasetzung im letzten Satz oben.

Komma 1: _____

_____

Komma 2: _____

_____

3 a) Setze in den folgenden Sätzen die Kommas.
b) Begründe die Kommasetzung in einem vollständigen Satz.
c) Zeichne Stufenmodelle zu den Sätzen.

Wenn es im Sommer sehr heiß ist haben die meisten Menschen Schlafprobleme.

Begründung: _____

Stufenmodell:

Manche Leute legen sich im Sommer zum Schlafen auf die Terrasse oder den Balkon damit sie sich besser abkühlen können.

Begründung: _____

Stufenmodell:

Menschen denen man den Schlaf lange entzieht werden krank.

Begründung: _____

Stufenmodell:

---

4 Um welche Art von Gliedsätzen oder satzwertigen Gruppen mit der Funktion von Gliedsätzen handelt es sich?
Ordne die Nummern der Sätze in die Übersicht ein.

1 Es gibt Schüler, die schon mal während der Schulstunde eingeschlafen sind.   **2** Die Lehrerin will wissen, warum man im Unterricht geträumt hat.   **3** Die Augen zu schließen und sich ein Tier vorzustellen, dazu forderte der Professor seine Zuhörerschaft in der Vorlesung „Warum träumen wir?" auf.   **4** Als der Saal voller Tiere war, öffneten alle wieder die Augen.   **5** Die Zuhörer stellten verblüfft fest, dass man auch am Tag träumen kann.   **6** So, vom Tagträumen erfrischt, konnten sie der Vorlesung konzentriert folgen.   **7** Auch im Schlaf träumen wir, obwohl wir es manchmal morgens nicht mehr wissen.   **8** Forscher widmeten sich der Traumdeutung, von einem Psychiater „Traumarbeit" genannt.

Relativsatz: _____   Infinitivgruppe: _____

Partizipgruppe: _____   Adverbialsatz: _____

Inhaltssatz: _____

Werte deine Ergebnisse aus, indem du deine Antworten mit dem Lösungsheft abgleichst.
Für jede richtige Antwort bekommst du einen Punkt.

☺ **40–32 Punkte**	☺ **31–20 Punkte**	☹ **19–0 Punkte**
Gut gemacht!	Gar nicht schlecht. Schau dir die Merk- kästen der Seiten 32 bis 43 noch einmal an.	Arbeite die Seiten 32 bis 43 noch einmal sorgfältig durch.

Groß- und Kleinschreibung

Folgende **Regeln zur Großschreibung** kennst du. Man schreibt groß:
1. Nomen,
2. Eigennamen,
3. Satzanfänge,
4. den Beginn der wörtlichen Rede,
5. die Anredepronomen bei der höflichen Anrede,
6. das erste Wort einer Überschrift oder eines Titels.

1 a) Unterstreiche im folgenden Text alle Wörter, die großgeschrieben werden.
b) Schreibe die Nummer der jeweiligen Regel in die Kästchen.

durchblick am display

„schauen sie!" thomas riedl präsentiert seine neueste entwicklung und der zuschauer fühlt sich stark an andersens märchen „des kaisers neue kleider" erinnert, in dem zwei betrüger dem kaiser kleidung aus einem sagenhaften material verkaufen, das sich schlichtweg als gar nicht vorhanden erweist. bis riedl den strom einschaltet und das, was vorher unsichtbar war, plötzlich an einer stelle grün zu leuchten beginnt. dem physiker und seinen kollegen vom institut für hochfrequenztechnik an der universität braunschweig ist etwas gelungen, was augenscheinlich den gipfel der displaytechnologie darstellt: die herstellung eines vollkommen transparenten bildschirms, auf dem einzelne pixel wie von zauberhand zum strahlen gebracht werden können.

c) Für welches großgeschriebene Wort fehlt die entsprechende Regel oben im Kasten?

Nominalisierung
Wörter anderer Wortarten schreibt man groß, wenn sie im Satz als Nomen gebraucht werden, z. B.:
„das Experimentieren", „viel Interessantes".
Nicht immer wird eine Nominalisierung durch ein Signalwort angekündigt. Wenn man dieses ergänzen könnte, schreibt man groß, z. B.: „Neues war kaum zu erwarten." → „Etwas Neues …"

2 a) Schreibe zehn Sätze zum Thema „Forschung und Technik" in dein Heft, in denen du jeweils ein Wort aus dem linken und ein Wort aus dem rechten Kasten verbindest.
b) Unterstreiche in deinen Sätzen die Nomensignale grün und die nominalisierten Wörter blau.
Alles Elektronische ist auf Energiezufuhr angewiesen.

wenig	alles	nichts	jedes
manches	das	etwas	ein
beim	zum	durch	

wichtig	neu	erproben
schwierig	spannend	versuchen
erforschen		experimentieren
technisch	elektronisch	berechnen

Folgende **Nomensignale** helfen dir zu entscheiden, wo es sich um eine Nominalisierung handelt:

Nomensignale	Beispiele
☐ ein vorausgehender **Artikel** ☐ eine **Präposition** (kann mit einem Artikel verschmolzen sein: *zu der = zur*) ☐ ein **vorangestelltes Adjektiv** (oft in Verbindung mit Artikel oder Präposition) ☐ ein vorangestelltes **Pronomen** oder eine **Mengenangabe**	☐ „*das* Forschen", „*ein* Experimentieren" ☐ „*zum* Erhitzen", „*vom* Testen", „*im* Guten" ☐ „*langsames* Voranschreiten", „*bei ständigem* Gehen" ☐ „*unser* Bestes", „*wenig* Belastendes", „*viel* Schwieriges"

3 a) *Setze die folgenden Verben in ihrer richtigen Form in die Lücken ein.*
   b) *Markiere bei den nominalisierten Verben das jeweilige Nomensignal.*

| rechnen | zählen | überschlagen | zeigen | angeben | zählen | überschlagen |

| erhalten | fehlen | verlaufen | erfassen | verschieben |

Mathehirn?

Neue Erkenntnisse übers _____ haben Forscher aus London gewonnen. Demnach sind fürs

_____ und fürs _____ unterschiedliche Hirnregionen zuständig. Die

Forscher _____ ihren Versuchspersonen zunächst ein Muster aus grünen und blauen Rechtecken.

Diese mussten schließlich _____, ob sie mehr Blau oder Grün gesehen hatten. Ob sie dabei wirk-

lich _____ oder durch _____ zum Ergebnis kamen, war im Gehirn nicht

unterscheidbar. Im zweiten Teil der Untersuchung _____ die Teilnehmer der Studie das gleiche

grün-blaue Muster, allerdings _____ alle Trennlinien zwischen den Rechtecken und die Farben

_____ ineinander. Beim _____ der Farbanteile _____

sich die Hirnaktivität der Versuchspersonen. Nach Ansicht der Forscher liegt hier der Schlüssel zur Rechenschwäche.

- **Nominalisierte Adjektive** schreibt man groß, z. B.: „alles Interessante", „nichts Gutes".
- **Adjektive im Superlativ** mit „am" werden kleingeschrieben, z. B.: „Am interessantesten sind die Experimente." „Am besten probiert man das einmal aus."

4 *Groß oder klein? Streiche die falsche Schreibweise durch.*

Im Stau sind die Kleinen/kleinen am Größten/größten: Stauforscher haben herausgefunden, dass Ameisen sich auf ihren Straßen am Besten/besten verhalten. Es gibt bei ihnen kein Drängeln/drängeln und kein Zusammenstoßen/zusammenstoßen. Bei den Menschen dagegen gilt: „Jeder will der Erste/erste sein."

Groß- und Kleinschreibung bei Tageszeiten und Wochentagen

1. Bezeichnungen für Tageszeiten und Wochentage werden großgeschrieben, wenn sie Nomen sind. Du erkennst sie an den Nomensignalen, z. B.: „gegen Abend", „bis zum Mittag", „der erste Morgen im Mai".
2. Bezeichnungen für Tageszeiten und Wochentage werden kleingeschrieben, wenn sie Adverbien sind, z. B.: „gestern", „heute", „morgen", „mittags", „dienstags", „dienstagabends".
3. Bei zweiteiligen Tageszeitangaben schreibt man die Adverbien klein und die Nomen groß: „gestern Mittag", „morgen Vormittag", „heute Abend".

TIPP

Verbindungen aus Wochentag und Tageszeit werden zusammengeschrieben: „Dienstagvormittag", „Samstagnacht".

5 *Mara besucht die „Kinder-Uni". Heute ist* **Mittwoch,** *sie schreibt am Morgen einen Brief an ihren Freund Robin und beschreibt ihm die Woche an der Uni genau.*
Formuliere in ganzen Sätzen Maras Termine während der Schnupperwoche aus. Benutze dabei nicht die Uhrzeiten, sondern allgemeine Tageszeitangaben wie „morgens".

	Montag	Dienstag	Mittwoch	Donnerstag	Freitag
9–12 Uhr	Begrüßung durch den Rektor		Experimente im Grammatiklabor		Frühstück in der Mensa
14–17 Uhr	Experimente im Chemie-Labor	Vorlesung über Kreativitätsforschung		Vorlesung über nachtaktive Tiere	
19–21Uhr			Grillfest auf den Uni-Wiesen		
23 Uhr				Nachtführung durch den Natur- und Umweltpark	

Lieber Robin,

_____

_____

_____

_____

_____

_____

_____

_____

Teste dich! – Groß- und Kleinschreibung

1 *a) Lies den folgenden Text.*

(1) Abgeschreckte Eier lassen sich besser schälen – nichts (2) Wissenschaftliches ist an dieser alten Hausfrauenregel. Das leichte (3) Abschälen eines Frühstückseis am (4) Morgen hängt nur davon ab, wie frisch das Ei ist. Wer ein Ei nach dem (5) Kochen in kaltes Wasser legt, sorgt allerdings für sein schnelleres (6) Verderben. Leitungswasser ist nicht keimfrei und durch die poröse Schale des Eis können Krankheitserreger eindringen. Deshalb am (7) besten die Eier (8) morgens einfach früher kochen!

b) Schreibe zu den mit 1 bis 8 gekennzeichneten Wörtern die Regeln auf, die deren Schreibweise erklären.

(1) _____

(2) _____

(3) _____

(4) _____

(5) _____

(6) _____

(7) _____

(8) _____

2 *a) Streiche im folgenden Text die falschen Buchstaben der markierten Wortanfänge durch.*
b) Unterstreiche Nominalisierungen mit grünem Stift.

Am M/montagnachmittag hat Mara in der Kinder-Uni gelernt: S/süß ist S/süß und B/bitter ist B/bitter – das stimmt nicht unbedingt. Es kommt auf das E/erwartete an. So empfindet man auch das B/bitterste als weniger unangenehm, wenn man zuvor nur mit etwas leicht B/bitterem gerechnet hat. Und Cola schmeckt süßer, wenn man weiß, welche Marke im Glas ist. Die Gehirnbereiche, die für das V/verarbeiten von Geschmackserlebnissen zuständig sind, werden je nach E/erwartung unterschiedlich stark aktiviert. Am M/mittwoch,

M/morgens im Grammatiklabor, hat Mara erfahren: Vögel können zwischen schlichtem Z/zwitschern und kunstvollem Gesang unterscheiden. Durch V/versuche wurde nachgewiesen, dass Stare Satzmuster mit und ohne eingeschobene Nebensätze auseinanderhalten können.

Werte deine Ergebnisse aus, indem du deine Antworten mit dem Lösungsheft abgleichst.
Für jede richtige Antwort bekommst du einen Punkt.

 27–18 Punkte
Gut gemacht!

 17–12 Punkte
Gar nicht schlecht. Schau dir die Merkkästen der Seiten 46 bis 48 noch einmal an.

 11–0 Punkte
Arbeite die Seiten 46 bis 48 noch einmal sorgfältig durch.

Getrennt schreiben oder zusammen?

 Viele **mehrteilige Adverbien** schreibt man zusammen, z. B.: „diesmal", „ebenso", „jederzeit", „allzu", „zuallererst", „sowieso".

1 Finde jeweils drei weitere Adverbien, die mit den gleichen Wortbausteinen gebildet sind. Achte auf die Zusammenschreibung.

-dessen:	*indessen,*
-falls:	*allenfalls,*
-wegen:	*deinetwegen,*
-mal:	*diesmal,*
-maßen:	*dermaßen,*
-seits:	*allseits,*
-so:	*ebenso,*
-weise:	*probeweise,*
-zeit:	*allezeit,*
bei-:	*beileibe,*
der-:	*derart,*
zu-:	*zuallererst,*

2 Ersetze die hervorgehobene Wendung jeweils durch ein zusammengesetztes Adverb. Schreibe den ganzen Satz auf.

Auf allen Seiten wird zu dieser Zeit Kritik am Auftreten eines berühmten Wissenschaftlers laut.

Allseits wird zurzeit Kritik am Auftreten eines berühmten Wissenschaftlers laut.

Der Forscher verbringt seit Neuestem seine Zeit im besten Fall damit, Fernsehauftritte und Radio-Interviews zu absolvieren.

_____

_____

Wegen seiner Person sind bereits Berge von Beschwerden bei der Institutsleitung eingegangen.

_____

Im schlimmsten Fall muss der Professor mit seiner Versetzung rechnen.

_____

> Bei einigen **adverbialen Wendungen** sind zwei Schreibweisen richtig, z. B.:
> „außerstand setzen" – „außer Stand setzen"; „zurande kommen" – „zu Rande kommen".

3 *Füge aus dem Wortmaterial adverbiale Wendungen zusammen und schreibe sie jeweils in beiden möglichen Schreibweisen auf:*

außer im in zu	Stande Frage Grunde Leide Hause Mute Schanden Schulden Tage Wege	sein stellen setzen gehen bleiben tun machen kommen lassen bringen fördern treten	

_____

_____

_____

_____

_____

_____

_____

> Verbindungen mit **„irgend-"** schreibt man in der Regel zusammen, z. B.: „irgendwo", „irgendwie",
> „irgendein", „irgendjemand".
> **Aber:** „irgend so ein", „wenn du irgend kannst".

4 *Ergänze Zusammensetzungen mit „irgend".*

(1) (wer/wann/etwas/einen) _____ wird _____

   wieder _____ Neues erfinden und dafür _____ Preis gewinnen.

(2) (woher/wohin) _____ ist das Phänomen gekommen, _____

   wird es wohl auch wieder entschwinden.

(3) (wie/ein) _____ muss _____ Lösung für dieses Problem gefunden werden.

(4) (möglich/wo anders) Wenn _____ , sollte der chemische Abfall

   _____ deponiert werden.

(5) (so eine) _____ Forscherin behauptet noch immer das Gegenteil.

> **Mehrteilige Präpositionen und Konjunktionen** schreibt man in der Regel **zusammen:**
> ☐ Präpositionen, z. B.: „anhand", „anstatt", „infolge", „inmitten", „zufolge", „zuliebe".
> ☐ Konjunktionen, z. B.: „anstatt", „sobald", „indem", „inwiefern", „sooft", „soweit", „soviel", „solange".
> **Aber:** „ohne dass", „anstatt dass", „statt dass", „außer dass".
> Bei „so dass" und „sodass" sind beide Schreibweisen möglich.

TIPP

> Prüfe, ob es sich wirklich um eine **Konjunktion** handelt. Nur dann schreibt man zusammen, z. B.:
> „*Sobald* die Versuchsreihe beendet ist, wissen wir mehr." → „Wir haben nicht *so bald* mit den Ergebnissen gerechnet."
> „*Indem* man mehrere Rechner vernetzt, erhält man eine schnellere Leistung." → „Das Labor, *in dem* die Versuche stattfinden, liegt im Keller."
> Es gibt eine Reihe von Ausnahmen! Schlage im Zweifelsfall immer in einem Wörterbuch nach!

5 *Setze die angegebenen Wörter jeweils in der richtigen Schreibweise ein.*

_____ das Kontrolllämpchen leuchtet, eilt ein Techniker herbei.	*so oft/ sooft*	Das Kontrolllämpchen leuchtete _____, dass der Techniker kaum Luft holen konnte.
Das Haus, _____ das Forschungslabor untergebracht ist, ist mit einem Elektrozaun umgeben.	*in dem/ indem*	_____ regelmäßig ein Tag der offenen Tür veranstaltet wird, sollen Jugendliche für die Wissenschaft begeistert werden.
Der Forscher hat dreimal _____ den Preis gewonnen.	*in Folge/ infolge*	Die Versuchsreihe wurde _____ des schlechten Wetters abgeblasen.
Das Experiment wird _____ wiederholt, bis es gelingt.	*so lange/ solange*	_____ der Strom abgeschaltet ist, kann nichts passieren.
_____ wir es von hier aus beurteilen können, ist da oben alles in Ordnung.	*so weit/ soweit*	_____ war der Astronaut noch nie von der Erde entfernt.
„Ich habe einfach _____ Mitarbeiter!", freute sich die Professorin.	*zu liebe/ zuliebe*	Ihr _____ hatten sich alle etwas als besonderen Glückwunsch einfallen lassen.

☆ **6** a) *Wenn du die Buchstaben in der richtigen Reihenfolge zusammenfügst, erhältst du präpositionale Ausdrücke, die sowohl zusammen als auch auseinander geschrieben werden können. Beispiel: alelenst = „an Stelle" und „anstelle"*
b) *Schreibe mit jedem Ausdruck einen Satz in dein Heft.*

gudafunr	_____	**uuuzgntsenn**	_____
hlfeitmi	_____	**netiesnov**	_____
znuegtsun	_____	**laszunet**	_____

Teste dich! – Getrennt oder zusammenschreiben?

1 *Getrennt oder zusammen? Schreibe die markierten Wörter richtig in die Randspalte.*

Energiesparwunder

Schwarze Löcher sind die kraftstoffsparendsten Maschinen im Universum. Würde

ein Automobil Energie **der/art** effizient nutzen wie diese, könnte es mit einem Liter

_____

Benzin **nahe/zu** 250 Millionen Kilometer weit fahren. Schwarze Löcher sind damit

_____

eben/so effektiv wie zwanzig Atomkraftwerke. Sie sind astronomische Objekte, **aus/**

_____

denen weder Materie noch Licht noch **irgend/eine** Information entweichen kann.

_____

Sie können entstehen, **so/bald** massereiche Sterne sterben und **so/oft irgend/welche**

_____

Sterne **mit/einander** kollidieren.

_____

2 *Richtig oder falsch? Kreuze an.*

	richtig	falsch
A Die Konjunktion „sodass" kann auch getrennt geschrieben werden.	☐	☐
B Verbindungen mit „irgend-" werden in der Regel getrennt geschrieben.	☐	☐
C Sowohl „infrage stellen" als auch „in Frage stellen" ist richtig.	☐	☐
D Verbindungen von „ohne", „statt" und „außer" mit der Konjunktion „dass" werden zusammengeschrieben.	☐	☐
E Adverbiale Verbindungen mit der Endung „-weise" werden zusammengeschrieben.	☐	☐

3 *Jeweils eine Schreibung ist nicht möglich. Streiche sie durch.*

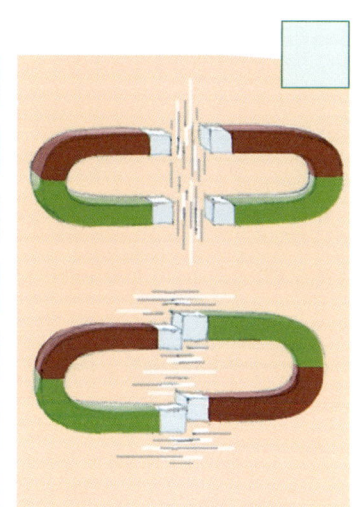

zuhausebleiben	zuhause bleiben	zu Hause bleiben
ehrenhalber	der Ehre halber	der ehre halber
zu Gunsten	zugunsten	zu gunsten
in bekannter Weise	bekannterweise	bekannter Weise
zumute sein	zu Mute sein	zumutesein
von seiten	von Seiten	vonseiten
mit Hilfe	mit hilfe	mithilfe

Werte deine Ergebnisse aus, indem du deine Antworten mit dem Lösungsheft abgleichst.
Für jede richtige Antwort bekommst du einen Punkt.

 21–18 Punkte
Gut gemacht!

 17–11 Punkte
Gar nicht schlecht. Schau dir die Merkkästen der Seiten 50 bis 52 noch einmal an.

 10–0 Punkte
Arbeite die Seiten 50 bis 52
noch einmal sorgfältig durch.

Fremdwörter

Fremdwörter sind aus anderen Sprachen ins Deutsche übernommene Wörter.
Meist erkennt man sie bereits an der Aussprache und an der Schreibung, denn sie gehorchen dabei den
Regeln ihrer Herkunftssprache, z. B.: „Inlineskates", „Rendezvous".
Manche **Fremdwörter aus dem Allgemeinwortschatz** werden eingedeutscht, also in ihrer Schreibweise
dem Deutschen angepasst. Die fremdsprachige Schreibung bleibt oft neben der eingedeutschten beste-
hen, z. B.: „Geographie" neben „Geografie", „Mayonnaise" neben „Majonäse".
Selten gebrauchte Fremdwörter und **Fremdwörter aus Fachsprachen** werden dagegen nicht eingedeutscht. Sie behalten ihre typisch fremdsprachigen Buchstabengruppen bei,
z. B.: „Phosphor", „Theater", „Legasthenie".

1 a) Kreuze alle im Deutschen richtigen Schreibweisen der folgenden Wörter an. Schlage im Zweifelsfall im
Fremdwörterbuch nach.
b) Suche dann das entsprechende deutsche Wort oder gib eine kurze Begriffserklärung.
Auch dabei hilft das Fremdwörterbuch.

☐ Biografi	☐ Biography
☐ Biographie	☐ Biografie

☐ Grafik	☐ Graphik
☐ Graphic	☐ Grafic

☐ substantiell	☐ substantiel
☐ substanziell	☐ substanciell

☐ Ortographie	☐ Orthographie
☐ Orthografie	☐ Ortografie

☐ Fotografi	☐ Photographie
☐ Photography	☐ Fotografie

☐ Fantasie	☐ Fantasy
☐ Pfantasie	☐ Phantasie

☐ Jogurt	☐ Joguhrt
☐ Jogourt	☐ Joghurt

☐ Portemonnaie	☐ Portmonee
☐ Portmonne	☐ Portemonai

☐ Spageti	☐ Spagheti
☐ Spaghetti	☐ Spagetti

☐ Necessaire	☐ Neccesaire
☐ Nessessaire	☐ Nessessär

☐ Dictafon	☐ Diktafon
☐ Diktaphon	☐ Dictaphon

☐ Chikoree	☐ Chicorée
☐ Schikoree	☐ Chicore

Kurze Vokale

> **!** Nach **betonten kurzen Vokalen** folgen meist **zwei oder mehr verschiedene Konsonanten**, z. B.: „Ko**pf**",
> „Wa**nd**", „ra**sch**eln", „fa**lsch**".
> Hörst du nur einen Konsonanten, wird er beim Schreiben **verdoppelt**, z. B. „re**tt**en", „Hu**mm**er", „So**nn**e".
> Achtung: Statt verdoppeltem **k** schreibt man **ck**, z. B.: „Ze**ck**e", „Schlu**ck**", „we**ck**en".
> Statt verdoppeltem **z** schreibt man **tz**, z. B.: „Ka**tz**e", „Matra**tz**e", „bli**tz**en".

1 a) *Im Looping des Kunstfliegers verbergen sich Wörter mit kurzem Vokal. Trenne sie durch einen Strich voneinander ab.*
b) *Lege in deinem Heft eine Tabelle nach folgendem Muster an. Ordne die Wörter aus dem Looping richtig ein und unterstreiche den betonten kurzen Vokal farbig. Achte auf die Groß- und Kleinschreibung.*

TANKMATTEFALSCHSATZSTECKENRUNDZUCKERWIRTKAPPEHOCKENPUNKTNETTSTOLPERNSCHNECKEHECK SONNENMERGELBWETTERITZEN

Wörter mit zwei oder mehr verschiedenen Konsonanten	Wörter mit Doppelkonsonanten	Sonderformen *tz/ck*
…	…	…

2 *Bei den folgenden Nomen mit **tz** oder **ck** wurde die Reihenfolge der Buchstaben vertauscht.*
a) *Schreibe das gesuchte Nomen in der richtigen Schreibung auf.*
b) *Bilde zu jedem Nomen weitere Wörter aus der Wortfamilie. Achte auf die Groß- und Kleinschreibung.*

ztiw	*Witz, witzig, witzeln, Witzbold*	lpazt	
reschck		ihetz	
ckitr		ritskc	

> **TIPP**
> Bei vielen **Fremdwörtern** steht nach kurzem betontem Vokal ein einfaches **k**, z. B.: „He**k**tik", „Inse**k**t".
> Grundsätzliche Regel: **Nach einem Konsonanten** steht **nie tz** und **nie ck**.

3 a) *Ergänze die folgenden Wörter: **ck** oder **tz**, **k** oder **z**? Schlage in einem Wörterbuch nach, wenn du unsicher bist.*
b) *Markiere die Wörter, auf die die grundsätzliche Regel aus dem Tipp-Kasten anwendbar ist.*
Unterstreiche die Wörter, die übrig bleiben: Du musst sie dir merken.

dire____t	verle____t	Tan____	perfe____t	kur____	lo____en
Hol____	Glü____	Tra____tor	gan____	zurü____	spi____en
Fabri____	Di____tat	Fle____	Matra____e	dun____el	plö____lich
Her____	Ja____e	Geschen____	kran____	den____en	He____e

Das lange i

> Das **lang gesprochene i** wird **fast immer ie** geschrieben, z. B.: „Tier", „Giebel", „Sieg", „fliegen".
> Von Fremdwörtern abgeleitete Verben enden oft auf **-ieren,** z. B.: „spazieren", „telefonieren". Auch die
> Partizipien führen dann ein **ie,** z. B.: „schockierend", „geniert".
> Das lange i wird nur **in wenigen Fällen mit einfachem i** geschrieben:
> ☐ in einigen Kurzwörtern, z. B.: „dir", „wir", „mir",
> ☐ in Fremdwörtern, z. B.: „Krise", „Maschine", „Termin".

1 *a) Lies den Text und markiere das lang gesprochene i.*

Velo[1]-Taxifahren – eine Viecherei?

In vielen Städten Deutschlands sind neuerdings sehr flexible Fahrzeuge zu mieten – die Velo-Taxis. Über dieses zunächst vielfach als schockierend zurückgewiesene Fortbewegungsmittel wurde in der Öffentlichkeit ver-
5 tieft diskutiert. Seine Betreiber wurden vielerorts als „moderne Sklaven" verspottet.
Politisch Interessierte betonen jedoch, man tue den Vehikeln Unrecht. Sie seien angesichts gigantisch gestiegener Benzinpreise die ideale Ergänzung zu Linien-
10 und Individualverkehr. So sieht dies offensichtlich auch der Fahrgast, der diverse Besichtigungstouren lieber vom Rad aus auf eine bequeme Weise intensiv genießt, als durch die verschmierten Scheiben traditioneller Verkehrsmittel schauen zu müssen.

Die Velo-Fahrer selbst lieben diesen Job und sind mit 15 dem Verdienst zufrieden: Sie kassieren nicht schlecht, wenn sie Touristen auf diese Weise transportieren. Nicht selten hört man in hitzigen Krisenzeiten unter den Velo-Kollegen den Satz: „Iss Vitamine, bewahre gute Miene, denn du sparst Benzin und auf alle Fälle den Beitrag fürs 20 Fitnessstudio."

1   **Velo:** süddt./schweiz.; Kurzwort aus „Veloziped" = Fahrrad

b) Trage geeignete Wörter aus dem Text in die Tabelle ein.

ie	Fremdwörter mit einfachem *i*	Verben mit der Endung *-ieren*

2 *Es gibt gleich lautende, aber unterschiedlich geschriebene Wörter:*

Stiel   Stil   Lied   Lid   Fieber   Fiber   Miene   Mine

Schreibe mit jedem Wort einen Satz in dein Heft. Schlage, wenn nötig, seine Bedeutung nach.

3 *Kombiniere die vorangestellten Buchstaben so mit dem Wort rechts, dass ein neues Wort mit **langem i** entsteht. Schreibe es auf. Achte auch auf die Groß- und Kleinschreibung.*

ATIV + MINE = *Vitamine*   SONEEN + DIR = _____

IN + MASCHE = _____   ENROP + BIER = _____

KAMIE + ADE = _____   LAK + VIER = _____

NAITR + NIERE = _____   HERA + MONI = _____

OTOFIE + GRAF = _____   ERP + LINA = _____

4 *Trage die folgenden Fremdwörter an passender Stelle in den Lückentext ein.*

Dirigent	serviert	Violine	Energie	improvisierten
faszíniert	Quartier	~~Motiven~~	Mandoline	Melodie
Fantasie	spendierten	Harmonien	Fotografieren	Musik

Ferienzauber

Auf der Suche nach reizvollen *Motiven* zum _____ hatte uns die lange Wanderung am Fuße

des Olymp viel _____ gekostet; deshalb freuten wir uns auf ein _____ zum

Ausruhen. Schon von Weitem hörten wir eine _____, die uns zielsicher zu einer Taverne führte.

Fremde _____, gespielt auf einer _____, einer _____ und ei-

5 nem Akkordeon, weckten unsere Neugier. Wir nahmen Platz und sofort wurden uns kühles Wasser und frisches Brot

_____. Es kam uns vor, als ob die

_____ der _____

der Spieler entspringen würde, aber nach längerem Zu-

hören merkten wir, dass ein Sänger mit unscheinbaren

10 Kopf- und Handbewegungen der _____

_____ war. _____ von dem

Können der Musiker, _____ wir

ihnen Getränke und es folgte ein langer Abend mit viel

Freude an den _____ Liedern und

15 der zauberhaften Atmosphäre.

Texte überarbeiten: Rechtschreib-Checkliste

1 *a) Lies die folgende Rechtschreib-Checkliste sorgfältig: Unterstreiche in den Regeln wichtige Stichworte, die dir helfen, in deinen Texten Rechtschreibfehler zu finden.*
b) Ordne den Regeln die passenden Fehlerzeichen zu.

Fehlerzeichen: *GuZ*   *S*   *LP*   *kl*   *Z*   *F*   *StP*

Rechtschreib-Checkliste

Großschreibung? Das ist ein **Nomen.**   *N*
- ✓ Suche ein Nomensignal: ▷ S. 47. Prüfe, ob du im Kopf ein Nomensignal ergänzen kannst, wenn im Text keines steht. Ist dies der Fall, so schreibst du groß.
- ✓ Schreibe Satzanfänge, Eigennamen und die höfliche Anrede groß.

Kleinschreibung? Das ist **kein Nomen.**   ——
- ✓ Gibt es kein Nomensignal, so schreibst du klein.
- ✓ Bestimme in Zweifelsfällen die Wortart: Verben und ihre Partizipien sowie Adjektive werden gelegentlich nominalisiert, also großgeschrieben. Dann findest du ein Nomensignal.

Lautprinzip   ——
- ✓ Wenn du unsicher bist, wie ein Wort geschrieben wird, sprich es deutlich und silbenbetont laut vor dich hin. In den meisten Fällen hörst du alle Laute, die auch geschrieben werden. Bist du dennoch unsicher, schlage in einem Rechtschreibwörterbuch nach.
- ✓ Schreibe beim langsamen und deutlichen Sprechen mit, z. B.: *Di-no-sau-ri-er.*

Stammprinzip   ——
- ✓ Den Wortstamm schreibt man in allen **Ableitungen** gleich. Bist du in der Schreibung unsicher, so leite das Wort von einem verwandten Wort ab und schreibe beide Wörter auf, z. B.: *fällig – fallen.*
- ✓ Prüfe bei unklaren Auslauten die **Verlängerung**, z. B.: *Wald- Wälder.*
Achte auf bestimmte **Wortbausteine**, z. B.: *ent-* oder *end-*, *ver-*.

Fremdwort   ——
- ✓ Schlage im Fremdwörterbuch nach. Wiederhole ▷ S. 54, 55.

s-Laut unklar?   ——
- ✓ Das **stimmhafte s** schreibt man immer **s**, z. B.: „Nase", „sicher". Sprich laut.
- ✓ Das **stimmlose s** schreibt man
  - ☐ nach kurzem Vokal fast immer **ss**, z. B.: „Wissen", „müssen";
  - ☐ nach langem Vokal oder Diphthong (Doppellaut: ei, au) **ß**, z. B.: „Straße", „außen";
  - ☐ wenn es bei Verlängerungen stimmhaft wird, mit einfachem **s**, z. B.: „Gras – Gräser".
- ✓ Werden Nebensätze durch die **Konjunktion „dass"** angeschlossen? Prüfe ▷ S. 41.

Getrennt- und Zusammenschreibung   ——
- ✓ In der Regel werden Wörter oder Wortgruppen getrennt geschrieben.
- ✓ Was zusammengeschrieben wird, musst du lernen, z. B.: ▷ S. 50, 51, 52. Schlage in allen Zweifelsfällen in einem aktuellen Wörterbuch nach und schreibe dir die Wörter auf.

Satzzeichen   ——
- ✓ Achte auf die Personalform des Verbs und die Konjunktion im Nebensatz, ▷ S. 35.
- ✓ Zeichne ein Stufenmodell des Satzes, um zu prüfen, wo Kommas stehen müssen, ▷ S. 35.

2 *a) Unterstreiche alle Rechtschreibfehler. Achte besonders auf die Groß- und Kleinschreibung, die Zusammen- und Getrenntschreibung und die Fremdwörter.*
*Kennzeichne die Fehler mit **kl, N, GuZ** bzw. **F** am Rand und schreibe die Wörter mit korrigierter Rechtschreibung daneben.*

Flohmarkt in Athen

Zu einer Sightseeing-Tour in Athen gehört zweifel los auch ein Besuch
des specktakulären Flohmarktes am Monastiraki-Platz. Seine Läden
und Werkstätten sind in den Jahren des Turismus immer Nobler und
moderner geworden. Rund um den Platz und in den angrenzenden
5 Seitenstraßen spielt sich das bunte nebeneinander der Händler und
ihres teilweise skurielen Warenangebotes ab, eine erstaunliche Mischung aus alt und neu. Es ist oftmals zum schmunzeln, was alles an
Waren zum Vorschein kommt: alte Medizienflaschen und Blechdosen,
defeckte Gramophongeräte und verbogene Schallplatten, vorsintflut-
10 liche Bettgestelle und andere ab gelegte Möbelstücke, aber auch neuan-
gefertigte Häkeldecken und Matrosenanzüge.

b) Unterstreiche in der Fortsetzung des Textes alle Zeichensetzungs- und Rechtschreibfehler. Achte hierbei besonders auf das Laut- und Stammprinzip sowie auf den s-Laut.
*Kennzeichne die Fehler mit **Z, LP, StP** bzw. **S** am Rand und schreibe den Text mit korrigierter Rechtschreibung in dein Heft. Zeichne für die Sätze mit Fehlern bei der Zeichensetzung einen Stufenplan.*

Manchmal kann man sich über den grentzenlosen Kitsch masslos wundern und staunen, wie viele Menschen unterschietlicher Nationalitäten
hier in den Sträschen anzutreffen sind. Wenn man sich vorsichtig an
15 Häntlern und Touristen vorbeischlengelt wird einem deutlich das dennoch eine erstaunlich frietliche Atmosphäre in dem Durcheinander
herscht. Oft weiß man gar nicht, wo man sich genau befindet. Doch
schliesslich sieht man sich mit einer Neuerwerbung unter dem Arm
über einen der zahlreichen Plätze spazieren obwohl man sich vieleicht
20 keinen Einkauf vorgenommen hatte. Bald verspürt man das dringende
Bedürfnis eines der zahlreichen Kaffeehäuser aufzusuchen wo man den
schwarzen Türkentrank aus winzigen Tesschen schlüfen kann.

Teste dich! – Kurze Vokale, das lange i und Fremdwörter

1 *a) Lies den Anfang von Isabel Allendes Abenteuerroman „Die Stadt der wilden Götter".*

Alexander Cold schreckte ① im Morgengrauen aus einem Albtraum auf. Ein riesiger ② schwarzer Geier hatte darin eine der Fensterscheiben zertrümmert ③, war ins Haus eingedrungen und hatte seine Mutter mitgenommen. Im Traum hatte Alex ohnmächtig mit ansehen müssen, wie der gigantische ④ Vogel Lisa Cold mit seinen gelben Fängen an den Kleidern packte.

b) Schreibe zu den mit 1 bis 4 gekennzeichneten Wörtern die Regeln auf, die deren Schreibweise erklären.

① _____

② _____

③ _____

④ _____

2 *In der Fortsetzung fehlen Buchstaben. Setze sie ein, indem du die Regeln zum kurzen Vokal und zum langen i anwendest.*

Gewe_____t hatte i_____n der Sturm, der Wind, der an den Bäumen ze_____te, der Regen auf dem Dach, das

Bli_____en und Do_____ern. Ihm war zu Mute wie in einer Nu_____schale im Ozean; er tastete nach dem

Schalter der Nachttischlampe und pre_____te sich gegen den Kolo_____ von Hund, der neben ihm schl_____f.

Er stellte sich den Paz_____fik vor, nur wenige Straßen von seinem Zuhause entfernt. Besti_____t bäumte der

sich gerade brü_____end auf und sp_____ seine wütende Brandung gegen die Kli_____en.

3 *Kreuze alle richtigen Schreibweisen der folgenden Fremdwörter an.*

☐ Kusine	☐ Doctor	☐ Nugat
☐ Cusine	☐ Docktor	☐ Nougat
☐ Cousine	☐ Doktor	☐ Nugatt

Werte deine Ergebnisse aus, indem du deine Antworten mit dem Lösungsheft abgleichst. Für jede richtige Antwort bekommst du einen Punkt.

😊 **23–17 Punkte**	🙂 **16–12 Punkte**	🙁 **11–0 Punkte**
Gut gemacht!	Gar nicht schlecht. Schau dir die Merk- kästen der Seiten 54 bis 57 noch einmal an.	Arbeite die Seiten 54 bis 57 noch einmal sorgfältig durch.

Sachtexte erschließen

Wenn du einen **Sachtext** wie z. B. einen **Zeitungsartikel** verstehen willst, kannst du ihn mit folgender **Lesetechnik** erschließen:

- Erfasse beim **ersten Überfliegen** das **Thema** des Textes (Worum geht es?).
  Achte dabei neben dem **Inhalt** auch auf den **Aufbau** und besondere **Gestaltungselemente** wie z. B. Überschriften, Absätze, Abbildungen und Grafiken.
  Notiere dir abschließend in Stichworten, welches **Vorwissen** du selbst zu dem Thema hast (Was fällt dir zu dem Thema ein?); das erleichtert das Verständnis beim gründlichen Lesen.

- Lies nun den Text **intensiv Schritt für Schritt.** Markiere dabei mit verschiedenen Stiften alles, was dir wichtig erscheint, aber auch das, was du auf Anhieb nicht sofort verstehst:
  Stelle **Fragen** an den Text. Kläre **unbekannte Wörter** und **Fachbegriffe.**

- Gliedere den Text in **Sinnabschnitte** (Wo beginnt ein neuer Gedanke?) und bilde **Überschriften.**

- Markiere **Schlüsselwörter,** also wichtige Begriffe in jedem Sinnabschnitt.
  Hilfreich ist auch, wenn du eine **bildliche Vorstellung der Hauptaussagen** entwickelst, so festigst du die Gedanken besser (Welches Bild verbindest du mit einer Aussage?).

- Ebenso hilfreich ist, die wichtigen Inhalte des Textes in knapper und sachlicher Form **in eigenen Worten zusammenzufassen.**

Erstes Textverständnis

1 *Der folgende Sachtext ist ein Artikel aus der Wochenzeitung „Die Zeit". Lies ihn zügig und verschaffe dir einen ersten Eindruck von Thema, Inhalt und Aufbau.*

Kinder leben in einer mit Marken vollgestopften Welt – und der Überfluss nimmt zu

Habe alles, bekomme mehr

von Götz Hamann

Weil die Zahl der Konsumenten wegen der demografischen Entwicklung schrumpft wie nie zuvor, ist es für alle Unternehmen eine Frage des Überlebens, weniger Kindern mehr zu verkaufen.

5 Also geben sie Milliarden Euro aus, um sich im kindlichen Bewusstsein festzusetzen – wer Böses denkt, könnte es Verführung Minderjähriger und kollektiven Geschmacksdrill nennen. Deshalb verschweigen Ferrero und Haribo, Kraft Foods und andere auch lieber, wie viel sie für Kinderwerbung ausgeben. Offizielle

10 Zahlen gibt es nicht, aber „die Werbeausgaben nehmen weiter zu", sagt Axel Dammler, einer der bekanntesten Kinder- und Jugendmarktforscher.

Und mit den Werbeausgaben steigt auch der Werbedruck. Warum sollte es auch anders sein als in den USA? Dort steckten die

15 Unternehmen im Jahr 2002 rund 15 Milliarden Dollar in Werbung für Kinderprodukte – mehr als je zuvor.

SMS-Werbung, Schulsponsoring, Internet-Kampagnen: Werbetreibende besetzen mit immer neuen Methoden auch das letzte Fleckchen kindlicher und jugendlicher Lebenswelt. Sie wollen

20 präsent sein. Anlocken. Abverkaufen.

? demografisch? Was ist das für eine

! Entwicklung?

kollektiv

? Kenne ich ein Beispiel für solche

Werbung?

61

Nike zum Beispiel folgt Jugendlichen bis in die virtuelle Welt hinein und stattet im Computerspiel *NBA Live 2004* – wie im realen Leben – Basketballer aus. Die virtuellen Sportler tragen erkennbar Nike-Stiefel; und Electronic Arts, der weltweit größte
25 Entwickler von Computerspielen, vermarktet diese Werbeform ganz offensiv. „Spielen reduziert Stress und stimuliert die Sinne", deshalb sei, wer in eine Partie vertieft ist, „emotional besonders ansprechbar". Auf bis zu eine Milliarde Dollar schätzen Marktforscher diesen Werbemarkt in den kommenden zwei Jahren.
30 Das ist keine Übertreibung: Nur um im Online-Spiel *Simcity* seine Logos zu platzieren, zahlt etwa der Chip-Konzern Intel mehr als zwei Millionen Dollar.
Wenn Sabine, 4, und die halb so alte Mara aus der Haustür tappen, stehen sie vor zwei Puppenkinderwagen, einem Laufrad,
35 einem Dreirad, einem Bobby Car und einem rollenden Käfer. Auch das ist Überfluss. Ihre Mutter ist Ärztin, ihr Vater freischaffender Künstler, die Familie lebt in Paderborn und verkörpert einen typischen Bildungsbürgerhaushalt. Schon zu dieser Mittelschicht zu gehören, bedeutet heute: Die Kinder besitzen
40 weit mehr Spielzeug, als sie brauchen. Es ist die Folge einer historisch einmaligen Vermögensentwicklung, die jene Kinder zwingend prägt, die mit ihr aufwachsen.
So werde Konsum zu einer wichtigen Quelle für den Selbstwert der Heranwachsenden, sagt der Soziologe und Pädagoge Klaus
45 Hurrelmann von der Universität Bielefeld. Das ist nicht prinzipiell gefährlich. „Aber die Kindheit und noch mehr die Pubertät sind sehr kritische Phasen, in denen es wichtig ist, ein gesundes Selbstbewusstsein zu entwickeln." Konsumfixierung könne da zum vermeintlichen Ausweg werden, wo Jugendliche „in finan-
50 ziell bedrängten Verhältnissen aufwachsen, Familiendramen erleben oder in der Schule schlecht sind".
Wie viele letztlich auf der Suche nach Selbstwert konsumieren, ohne die Folgen zu bedenken, wie viele sich verschulden oder sogar Marken klauen – etwa von Schulkameraden –, weiß nie-
55 mand. Das gilt nur für „eine kleine Minderheit, aber sie wächst", urteilt Hurrelmann.
Je älter die Kinder werden, umso mehr nimmt der Werbedruck zu, die Kampagnen richten sich jetzt direkt an sie und blenden die Eltern aus. Denn sobald Kinder das Wesen von Geld begrei-
60 fen und damit den Zusammenhang von Bezahlen und Besitzen, erreichen sie in den Augen der Marketingmanager die nächste Stufe des Konsumentendaseins: Sie werden Käufer. Außerdem ist ihr Vermögen schon beträchtlich. Die 6- bis 13-Jährigen können jährlich 5,6 Milliarden Euro ausgeben, rechnet man
65 Taschengeld, Sparguthaben und Geldgeschenke zusammen. Fast zwei Drittel von ihnen dürfen damit laut Kids-Verbraucheranalyse tun, was sie wollen. [...] *Die Zeit, 19. 05. 2004*

2 *Kreuze das zentrale Thema des Sachtextes an:*

☐ **A** Die Werbung für Kinderprodukte kostet die Unternehmen viel zu viel Geld.

☐ **B** Eltern kaufen ihren Kindern zu viel überflüssiges Spielzeug.

☐ **C** Eltern geben ihren Kindern zu viel Taschengeld, mit dem sie kaufen können, was sie wollen.

☐ **D** Kinder werden als Konsumenten zunehmend von den Unternehmen umworben.

Den Text intensiv lesen

3 Sieh dir den bearbeiteten Auszug (S. 61, Z. 1–9) an und notiere, was jeweils markiert wurde:

gelbe Markierung: _____

grüne Markierung: *auffällige Formulierung*

Unterstreichung: _____

Zeichen: _____

Randnotizen: _____   _____

4 Lies den Text intensiv: Unterstreiche unbekannte Begriffe und markiere dir wichtige Textstellen, die Fragen für dich aufwerfen. Nutze die Randspalte für Notizen, Fragen und Zeichen.

5 a) Ergänze die Zeilen um Fragen, die du dir zum Text stellst:

Was bedeutet „demografische Entwicklung" (Z. 1 f.) und was ist auffällig daran?

_____

_____

_____

_____

b) Wirf während der folgenden Arbeit zum Text immer wieder einen Blick auf deine Fragen und hake sie ab, wenn du sie beantworten kannst.

Schwierige Wörter und Sätze verstehen

6 Was bedeutet das Wort **Konsum** (Z. 43)? Erschließe den Sinn aus dem Textzusammenhang und kreuze dann an:

☐ **A** Geschäft für Genussmittel

☐ **C** Verkauf von Genussmitteln

☐ **B** Verbrauch von Genussmitteln

☐ **D** Verschwendung

7 Schreibe alle unbekannten Wörter (vgl. Aufgabe 4) in dein Heft. Versuche zunächst, ihren Sinn aus dem Zusammenhang zu erschließen. Schlage auch im Wörterbuch nach.

8 a) Sammle aus dem Text Zusammensetzungen mit dem Bestimmungswort „Werbe-". Schreibe sie in dein Heft und ergänze weitere Zusammensetzungen mit anderen Grundwörtern.
   Werbeausgaben, Werbe-...

b) Schreibe zusammengesetzte Nomen, die du nicht verstehst, aus dem Text heraus. Zerlege sie in ihre Wortbestandteile und erkläre die Bedeutung eines jeden Wortes. Schlage gegebenenfalls im Wörterbuch nach.

Geschmack – s – drill

Werturteil über   mechanisches
das, was einem gefällt   Einüben

TIPP

Überlege bei dreifacher Zusammensetzung genau, welche Wörter einen Begriff bilden: „Jugend-markt-forscher": „Jugendmarkt-forscher" oder „Jugend-marktforscher"?

9 *Kläre die Bedeutung des folgenden Satzes (Z. 1 ff.):*

Weil die Zahl der Konsumenten wegen der demografischen Entwicklung schrumpft wie nie zuvor, ist es für alle Unternehmen eine Frage des Überlebens, weniger Kindern mehr zu verkaufen.

a) Wende dazu zunächst die Weglass-, Ersatz- und Umstellprobe an. Schreibe in dein Heft.
b) Kreuze die richtige Bedeutung des Satzes an:

Die Unternehmen müssen wegen der demografischen Entwicklung,

☐ **A** wenn es immer weniger Kinder und mehr Erwachsene gibt, Kindern mehr verkaufen.

☐ **B** wenn es immer weniger Kinder und mehr Erwachsene gibt, Kindern weniger verkaufen.

10 *Der Satz „Es ist die Folge einer historisch einmaligen Vermögensentwicklung, die jene Kinder zwingend prägt, die mit ihr aufwachsen" (Z. 40 ff.) bedeutet:*

☐ **A** Kinder gewöhnen sich frühzeitig daran, über viel Vermögen zu verfügen.

☐ **B** Kinder gewöhnen sich frühzeitig daran, über wenig Vermögen zu verfügen.

Den Sinn des Textes verstehen: Gliedern und zusammenfassen

11 *Umkreise in dem Zeitungsartikel auf S. 61–62 Schlüsselwörter.*

12 *Die Bilder stehen für wichtige Begriffe im Text. Nummeriere sie: Welche Reihenfolge entspricht dem Gedankenaufbau?*

  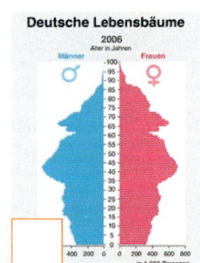 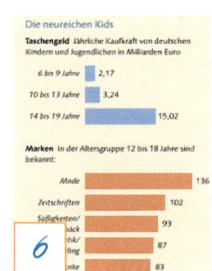  

13 *Ergänze die Lücken in der Kurzfassung des Textes mit den angebotenen Schlüsselwörtern.*

Werbung – Selbstwertgefühl – verkaufen – Überfluss – Computerspiele – Konsum – selbst ausgeben – besitzen – umwerben – 6- bis 13-Jährigen – stehlen – Werbemarkt – Konsumenten – Kinderprodukte – Schulden

Weil die Zahl der _____ zurückgeht, müssen die Unternehmen Kindern mehr _____

_____ und diese stärker _____. Deshalb investieren sie etliche Milliarden

Euro in die Werbung für _____. Sie nutzen vor allem die Medien wie z. B. _____

_____ als neuen _____. Viele Kinder leben im _____.

Sie _____ mehr, als sie brauchen. _____ ist für junge Menschen

heute eine wichtige Grundlage für die Entwicklung von _____. Problematisch ist es aber,

5 wenn Konsum als Ausweg aus Sorgen wie Armut, Streit in der Familie oder Schulproblemen gesehen wird und

Jugendliche _____ machen oder Konsumartikel _____. Die _____

_____ verfügen über mehr als fünf Milliarden Euro und werden in der _____

direkt angesprochen, denn fast zwei Drittel von ihnen dürfen ihr Geld _____.

Diagramme verstehen

Die Balkendiagramme gehören zu dem Zeitungsartikel auf S. 61–62. Schreibe wenige Sätze zu jeder Aufgabe.

1 *Benenne die Angaben (Balken) im ersten Teil des oberen Diagramms, die miteinander verglichen werden können, und diejenigen, welche man nicht vergleichen kann.*
TIPP: Achte genau auf die Gruppe der jeweils Befragten!

_____

_____

_____

_____

_____

2 *Was sagt das Diagramm oben über das Vermögen Jugendlicher (Taschengeld) aus?*

_____

_____

_____

_____

_____

3 *Kreuze die richtige Antwort an:*

☐ **A** Jugendliche kennen weniger Zeitschriften- als Kosmetik-/Stylingmarken.

☐ **B** Kosmetik-/Stylingmarken sind unter Jugendlichen nicht die meistbekannten Marken.

☐ **C** Getränkemarken sind unter Jugendlichen bekannter als Kosmetik-/Stylingmarken.

4 *Welche Diagramme veranschaulichen Textpassagen im Zeitungsartikel auf S. 61–62?*

Diagramm oben – Text: Z. _____ – Z. _____

Diagramm unten – Text: Z. _____ – Z. _____

Die neureichen Kids

Taschengeld Jährliche Kaufkraft von deutschen Kindern und Jugendlichen in Milliarden Euro

6 bis 9 Jahre	2,17
10 bis 13 Jahre	3,24
14 bis 19 Jahre	15,02

Marken In der Altersgruppe 12 bis 18 Jahre sind bekannt:

Mode	136
Zeitschriften	102
Süßigkeiten/ Knabbergebäck	93
Kosmetik/ Styling	87
Getränke	83

Das Kind als Konsument

So viele dürfen selbst entscheiden,

6 bis 13 Jahre

wie sie sich kleiden	69%
wofür sie ihr Taschengeld ausgeben	62%

14 bis 19 Jahre

wie sie sich kleiden	96%
wofür sie ihr Taschengeld ausgeben	93%

Die Gestaltung und Sprache von Zeitungsberichten verstehen

> Der **Zeitungsbericht** informiert sachlich über Ereignisse, Vorgänge oder Hintergründe. Er soll die
> **W-Fragen** beantworten (Wer? Was? Wann? Wo?), aber keine Beurteilung und Bewertung abgeben.
> ☐ Die **Meldung** ist kurz und bezieht sich auf ein aktuelles Ereignis. Tempus ist meist das Präteritum.
> ☐ Der **Bericht** hingegen ist ausführlicher und fasst längerfristige Entwicklungen oder aktuelle Vorgänge
>   zusammen.
> Der Aufbau eines Zeitungsberichts folgt dem Grundsatz: das Wichtigste zuerst **(Lead-Stil).** Zwischen der
> groß und fett gedruckten **Schlagzeile** und dem Bericht steht oft ein **Vorspann,** der als Leseanreiz den Inhalt
> kurz zusammenfasst. Berichte werden häufig durch anschauliche Abbildungen und **Diagramme** ergänzt.

1 *Entscheide, um welche Berichtform es sich bei dem Zeitungsartikel auf S. 61–62 handelt, und begründe.*

☐ **A** Bericht   ☐ **B** Meldung

Begründung: _____

_____

2 *Welches ist die wichtige Information des Textes, die zuerst genannt wird (Lead-Stil)?*

_____

3 *a) Aussagen von Personen werden im Zeitungsbericht in der wörtlichen Rede oder in der indirekten Rede
    (Konjunktiv I) wiedergegeben. Markiere in dem Textabschnitt Z. 43–51 die indirekte Rede.*
  b) Forme folgende Aussage vollständig in die indirekte Rede um:

Konsumfixierung könne da zum vermeintlichen Ausweg werden, wo Jugendliche „in finanziell bedrängten
Verhältnissen aufwachsen, Familiendramen erleben oder in der Schule schlecht sind".

_____

_____

_____

4 *a) Ordne den sprachlichen Besonderheiten der Formulierung (Z. 5 ff.) in der linken Spalte durch Pfeile den passenden
    Kommentar in der rechten Spalte zu:*

Also geben sie Milliarden Euro aus,	kriminelle Handlung
um sich im kindlichen Bewusstsein festzusetzen	Ironie, Einschränkung durch Konjunktiv
– wer Böses denkt, könnte es	sachliche Feststellung
Verführung Minderjähriger und	außergewöhnliche Zusammensetzung
kollektiven Geschmacksdrill nennen.	Verb klingt negativ

  b) Bewerte die Formulierung:

☐ **A** Der Stil ist durchgängig sachlich.

☐ **B** Der Stil enthält sowohl sachliche Stellen als auch Bewertungen.

☐ **C** Der Stil ist subjektiv bewertend und unsachlich.

Teste dich! – Sachtexte erschließen

Für Fastfood pumpen sich Jugendliche viel häufiger Geld als für ihre Handy-Rechnung

Kinder halten ihr Geld zusammen

Berlin – Kinder zwischen zehn und 17 Jahren gehen nach einer Umfrage der Universität Bielefeld weitaus verantwortungsvoller mit ihrem Taschengeld um als gemeinhin angenommen. „Sie zeigen ein hohes Maß an Finanzkompetenz und Kostenbewusstsein", sagt Studienleiter Elmar Lange, der die Umfrage unter gut 1000 Jugendlichen und Eltern ausgewertet hat.

Die weit verbreitete These, dass das Handy eine der wichtigsten Verschuldungsfallen darstelle, „kann heute nicht mehr aufrechterhalten werden", sagt Lange. Er begründete dies mit den Angeboten der Mobilfunkbetreiber zur Kostenkontrolle. So nutzten etwa vier Fünftel einen Prepaidtarif (Handys mit Guthabenkarte), ebenso viele lüden ihre Karte mit höchstens 15 Euro pro Monat auf. Obwohl inzwischen rund 70 Prozent der Jugendlichen ein Mobiltelefon besitzen, sei das Handy bei weit weniger als einem Prozent Grund für eine Verschuldung – es stehe damit auf einer Stufe mit Kosmetika. Ausgaben für Fastfood würden hingegen etwa dreimal so häufig dazu führen, dass Kinder sich Geld leihen, das sie nicht sofort zurückzahlen könnten. Auch für „Ausgehen" und Kleidung pumpen sich Jugendliche der Studie zufolge häufiger Geld als für das Handy. Der Befund relativiert sich jedoch dadurch, dass oft die Eltern die Kosten der Handynutzung ganz übernehmen.

Insgesamt sei die Verschuldung von Jugendlichen „kein Massenphänomen", sagte Lange. „Nur" sechs Prozent seien betroffen, und zwar völlig unabhängig vom sozialen Milieu. Zu einer höheren Verschuldung komme es meist erst mit der Volljährigkeit.

Im Schnitt geben Jugendliche rund 40 Euro pro Monat aus, wobei die 10- bis 12-Jährigen 14 Euro zur Verfügung haben, 15- bis 17-Jährige 74 Euro. Acht von zehn Kindern haben bereits Geld gespart – im Schnitt rund 1000 Euro. *(ph)*

Kölner Stadt-Anzeiger, 23. Februar 2006

1 *Worum geht es in dem Sachtext? Kreuze das richtige Thema an:*

☐ **A** Umgang mit Geld und Schulden ☐ **B** Umgang mit Handys und Schulden ☐

2 *Kreuze die richtige Antwort an:*

☐ **A** Für das Handy verschulden sich rund 70 % der Jugendlichen am häufigsten.

☐ **B** 94 % der 10- bis 17-Jährigen machen keine Schulden.

☐ **C** 20 % der befragten Kinder verfügen über gespartes Geld. ☐

3 *Der Satz „Sie zeigen ein hohes Maß an Finanzkompetenz und Kostenbewusstsein." bedeutet:*

☐ **A** Sie gehen eigenständig und bewusst mit Geld um. ☐ **B** Sie sind finanziell abgesichert und verursachen wenig Kosten. ☐

4 *Ordne die folgenden Zwischenüberschriften den einzelnen Sinnabschnitten des Textes zu:*

Z._____ – Z._____: Dafür werden Schulden gemacht

Z._____ – Z._____: Die Kaufkraft der Jugendlichen

Z._____ – Z._____: Verantwortung in punkto Taschengeld

Z._____ – Z._____: Wenig Betroffene – aber in allen Schichten

Z._____ – Z._____: Handy keine Schuldenfalle ☐

Werte deine Ergebnisse aus, indem du deine Antworten mit dem Lösungsheft abgleichst.
Für jede richtige Antwort bekommst du einen Punkt. ☐

☺ **8–6 Punkte**
Gut gemacht!

☺ **5–4 Punkte**
Gar nicht schlecht. Schau dir die Merkkästen der Seiten 61 bis 66 noch einmal an.

☹ **3–0 Punkte**
Arbeite die Seiten 61 bis 66 noch einmal sorgfältig durch.

Erzähltexte erschließen

Um einen Erzähltext zu erschließen, muss man zunächst ein **möglichst klares und genaues Verständnis** von den inhaltlichen Zusammenhängen gewinnen.

Peter Bichsel

Die Tochter (1964)

Abends warteten sie auf Monika. Sie arbeitete in der Stadt, die Bahnverbindungen sind schlecht. Sie, er und seine Frau, saßen am Tisch und warteten auf Monika. Seit sie in der Stadt arbeitete, aßen sie erst um halb acht. Früher hatten sie eine Stunde eher gegessen.

5 Jetzt warteten sie täglich eine Stunde am gedeckten Tisch, an ihren Plätzen, der Vater oben, die Mutter auf dem Stuhl nahe der Küchentür, sie warteten vor dem leeren Platz Monikas. Einige Zeit später dann auch vor dem dampfenden Kaffee, vor der Butter, dem Brot, der Marmelade.

10 Sie war größer gewachsen als sie, sie war auch blonder und hatte die Haut, die feine Haut der Tante Maria. „Sie war immer ein liebes Kind", sagte die Mutter, während sie warteten.

In ihrem Zimmer hatte sie einen Plattenspieler und sie brachte oft Platten mit aus der Stadt und sie wusste, wer darauf sang. Sie hatte

15 auch einen Spiegel und verschiedene Fläschchen und Döschen, einen Hocker aus marokkanischem Leder, eine Schachtel Zigaretten.

Der Vater holte sich seine Lohntüte auch bei einem Bürofräulein. Er sah dann die vielen Stempel auf einem Gestell, bestaunte das

20 sanfte Geräusch der Rechenmaschine, die blondierten Haare des Fräuleins, sie sagte freundlich „Bitte schön", wenn er sich bedankte. Über Mittag blieb Monika in der Stadt, sie aß eine Kleinigkeit, wie sie sagte, in einem Tearoom[1]. Sie war dann ein Fräulein, das in Tearooms lächelnd Zigaretten raucht.

25 Oft fragten sie sie, was sie alles getan habe in der Stadt, im Büro. Sie wusste aber nichts zu sagen.

Dann versuchten sie wenigstens, sich genau vorzustellen, wie sie beiläufig in der Bahn ihr rotes Etui[2] mit dem Abonnement[3] aufschlägt und vorweist, wie sie den Bahnsteig entlanggeht, wie sie

30 sich auf dem Weg ins Büro angeregt mit Freundinnen unterhält, wie sie den Gruß eines Herrn lächelnd erwidert.

Und dann stellten sie sich mehrmals vor in dieser Stunde, wie sie heimkommt, die Tasche und ein Modejournal unter dem Arm, ihr Parfüm; stellten sich vor, wie sie sich an ihren Platz setzt, wie sie

35 dann zusammen essen würden.

Bald wird sie sich in der Stadt ein Zimmer nehmen, das wussten sie, und dass sie dann wieder um halb sieben essen würden, dass der Vater nach der Arbeit wieder seine Zeitung lesen würde, dass es dann kein Zimmer mehr mit Plattenspieler gäbe, keine Stunde des

40 Wartens mehr. Auf dem Schrank stand eine Vase aus blauem schwedischem Glas, eine Vase aus der Stadt, ein Geschenkvorschlag aus dem Modejournal.

„Sie ist wie deine Schwester", sagte die Frau, „sie hat das alles von deiner Schwester. Erinnerst du dich, wie schön deine Schwester sin-

45 gen konnte?"

„Andere Mädchen rauchen auch", sagte die Mutter.

„Ja", sagte er, „das habe ich auch gesagt."

„Ihre Freundin hat kürzlich geheiratet", sagte die Mutter.

Sie wird auch heiraten, dachte er, sie wird in der Stadt wohnen.

50 Kürzlich hatte er Monika gebeten: „Sag mal etwas auf Französisch." – „Ja", hatte die Mutter wiederholt, „sag mal etwas auf Französisch." Sie wusste aber nichts zu sagen. Stenografieren⁴ kann sie auch, dachte er jetzt. „Für uns wäre das zu schwer", sagten sie oft zueinander. Dann stellte die Mutter den Kaffee auf den Tisch. „Ich

55 habe den Zug gehört", sagte sie.

1 **Tearoom:** kleines, nur tagsüber geöffnetes Lokal, in dem in erster Linie Tee gereicht wird
2 **Etui:** kleines Behältnis zum Aufbewahren von kostbaren oder empfindlichen Gegenständen
3 **Abonnement:** für eine längere Zeit vereinbarter Bezug von Zeitungen, Eintrittskarten, Mittagessen u. a.
4 **stenografieren:** in Kurzschrift schreiben

1 a) Lies die Kurzgeschichte „Die Tochter" von Peter Bichsel gründlich.
   b) Notiere deinen ersten Leseeindruck.

2 a) Gliedere den Text in Sinnabschnitte.
   b) Fasse den Inhalt der Abschnitte als Überschrift oder in einem Satz zusammen. Schreibe im Präsens.

Z. 1–9: Die Eltern warten am gedeckten Tisch auf ihre berufstätige Tochter Monika.

3 Markiere im Text Auffälliges im Hinblick auf Sprache und Inhalt und halte erste Ergebnisse fest. Achte z. B. auf Wortwiederholungen, die Verwendung der wörtlichen Rede und die Beziehung der Figuren.

zur sprachlichen Gestaltung: *– Wortwiederholung „warteten" (4 x im ersten Abschnitt) wirkt eintönig*

zum Inhalt: *– Die Eltern möchten mehr über die Lebenssituation ihrer Tochter erfahren.*

Erzählform und Erzählperspektive
Die Autorin oder der Autor einer Erzählung entscheidet sich für eine Erzählform und eine Erzählperspektive.

Erzählformen:
- die **Er-/Sie-Erzählung** und
- die **Ich-Erzählung,** bei der das Erzählte sehr unmittelbar wirkt, denn der Ich-Erzähler erscheint gleichzeitig als erlebende und erzählende Figur und lässt so die Leser/-innen an seinen persönlichen Erfahrungen teilhaben.

Erzählperspektive:
- **auktorial:** Ein allwissender Erzähler überblickt alles und greift kommentierend und wertend in das Geschehen ein. Auch kann er zurückschauen und vorausblicken.
- **personal:** Der Erzähler übernimmt die Sicht einer Figur oder erzählt wechselnd aus der Sicht mehrerer Figuren. Gedanken und Gefühle der Figur(en) werden beim personalen Erzählen aus der **Innenperspektive,** oft in Form des so genannten **inneren Monologs,** wiedergegeben.

4 *Achte beim Lesen der Kurzgeschichte „Die Tochter" auf die Erzählperspektive und kreuze zutreffende Aussagen an.*

A Das Geschehen wird stellenweise neutral erzählt.

B Ein allwissender Erzähler bewertet das Geschehen und die Figuren.

C Die Ereignisse werden aus der Sicht der Tochter erzählt.

D Das Geschehen wird vorwiegend aus der Innenperspektive der Eltern erzählt.

Inhaltsangabe
Eine Inhaltsangabe fasst mit eigenen Worten einen Text knapp und sachlich zusammen.
Gliedere deine Inhaltsangabe wie folgt:
- Nach Nennung von Autor oder Autorin, des Titels und der Textsorte wird **einleitend** das Thema formuliert und in einem Satz zusammengefasst, worum es im Text geht.
- Im **Hauptteil** folgen Informationen über die zentralen Figuren und deren Handlungsmotive, den Ort und die Zeit der Handlung und eine kurze Zusammenfassung der Handlungsschritte des Textes.
- Bei einer erweiterten oder interpretierenden Inhaltsangabe wird noch ein **Schlussabschnitt** angefügt, in dem man auf offene Fragen und Probleme des Textes eingehen und in dem man seine eigene Meinung äußern kann.

Das **Tempus** der Inhaltsangabe ist das Präsens und bei Vorzeitigkeit das Perfekt.
Direkte Rede wird in **indirekte Rede** umgewandelt.

5 *a) Bereite eine Inhaltsangabe der Kurzgeschichte vor, indem du dir in deinem Heft Stichpunkte zu den einzelnen Schritten des Handlungsverlaufs machst. Orientiere dich an deiner Einteilung in Sinnabschnitte.*
b) Vervollständige den folgenden Einleitungssatz:

In der 1964 erschienenen Kurzgeschichte

> **Figurencharakteristik**
> Eine literarische Figur zu charakterisieren, bedeutet, sie genau zu beschreiben. Dabei geht man von zentralen Textstellen aus, in denen **wichtige Eigenschaften der Figur** zum Ausdruck kommen. Lebensweisen, Handlungsmuster und Äußerungen der Figur, die auf ihren Charakter hindeuten, können direkt über beschriebene Handlungsmuster oder indirekt aus Wahrnehmungen und Äußerungen anderer Figuren abgeleitet werden.

6 a) *Markiere im Text alle Informationen, die du direkt und indirekt über die Tochter und deren Eltern erhältst. Verwende hierbei unterschiedliche Farben.*

b) *Untersuche, wie der Leser oder die Leserin Informationen über die Figuren erhält. Kreuze die richtigen Antworten an.*

☐ **A** Die Eigenschaften Monikas kann man aus ihren zahlreichen Äußerungen erschließen.

☐ **B** Ein neutraler Erzähler sowie die Gespräche und Gedanken der Eltern geben Aufschluss über Monikas Charakter.

☐ **C** Der neutrale Erzähler sowie das Verhalten und die Gedanken der Eltern zeigen deren Eigenschaften.

☐ **D** Die Eltern werden aus der Sicht von Monika beschrieben.

7 *Charakterisiere, in welcher Beziehung die einzelnen Figuren zueinander stehen: Welche Einstellung haben sie wechselseitig? Was erwarten sie voneinander? Wie verhalten sie sich dem anderen gegenüber?*

a) *Ergänze die Beziehungsgrafik, indem du sinnvolle Beschreibungen findest und verschiedene Arten von Pfeilen in verschiedenen Farben verwendest.*

Vater _____

_____

_____

_____

Mutter _____

_____

_____

_____

Tochter _____

_____

_____

_____

→ interessiert an, bemüht um
↛ desinteressiert, ausweichend
↝ keine Beziehung
⇝ Auseinandersetzung
⋯► unverbindliche Beziehung

b) *Beschreibe in Stichworten die charakteristischen Merkmale der Eltern-Tochter-Beziehung.*

Distanz, _____

_____

_____

8 Deute auf der Basis deiner bisherigen Ergebnisse, wieso Monika nichts zu sagen wusste, wenn die Eltern sie fragten, „was sie alles getan habe, in der Stadt, im Büro" (Z. 25 f.).

_____

_____

_____

_____

_____

_____

_____

_____

_____

_____

_____

9 Beurteile abschließend, um was es in der Kurzgeschichte „Die Tochter" eigentlich geht.
Kreuze die zutreffenden Antworten an.

☐ **A** um das Leben der Tochter in der Stadt

☐ **B** um die Reaktionen der Eltern auf das Erwachsenwerden der Tochter

☐ **C** um die Beziehung der Eltern zu ihrer Tochter

☐ **D** um die Beziehung zwischen den beiden Elternteilen

☐ **E** um das Warten der Eltern auf ihre arbeitende Tochter

☐ **F** um das moderne Leben in der Stadt

10 Formuliere abschließend, welche Fragen bzw. Probleme für dich als Leser/Leserin der Kurzgeschichte offenbleiben.

_____

_____

_____

_____

_____

11 Schreibe zur Kurzgeschichte „Die Tochter" von Peter Bichsel eine vollständige Inhaltsangabe in dein Heft. Nutze dazu deine Vorarbeiten auf den Seiten 68–72.

☆ **12** Versetze dich in die Figur der Tochter und verfasse einen Brief, in dem sie ihren Eltern erläutert, warum sie beabsichtigt, eine eigene Wohnung in der Stadt zu beziehen. Schreibe in dein Heft.

Teste dich! – Erzähltexte erschließen

1 *Lies die Geschichte „Ein ruhiges Haus" von Marie Luise Kaschnitz aufmerksam durch.*

Marie Luise Kaschnitz

Ein ruhiges Haus

Ein ruhiges Haus, sagen Sie? Ja, jetzt ist es ein ruhiges Haus. Aber noch vor Kurzem war es die Hölle. Über uns und unter uns Familien mit kleinen Kindern, stellen Sie sich das vor. Das Geheul und Geschrei, die Streitereien,
5 das Trampeln und Scharren der kleinen zornigen Füße. Zuerst haben wir nur den Besenstiel gegen den Fußboden und gegen die Decke gestoßen. Als das nicht half, hat mein Mann telefoniert. Ja, entschuldigen Sie, haben die Eltern gesagt, die Kleine zahnt oder die Zwillinge
10 lernen gerade laufen. Natürlich haben wir uns mit solchen Ausreden nicht zufriedengegeben. Mein Mann hat sich beim Hauswirt beschwert, jede Woche einmal, dann war das Maß voll. Der Hauswirt hat den Leuten oben und den Leuten unten Briefe geschrieben und ih-
15 nen mit der fristlosen Kündigung gedroht.

Danach ist es gleich besser geworden. Die Wohnungen sind nicht allzu teuer und diese jungen Ehepaare haben gar nicht das Geld, umzuziehen. Wie sie ihre Kinder zum Schweigen gebracht haben? Ja, genau weiß ich das nicht. Ich glaube, sie binden sie jetzt an den Bettpfosten 20 fest, sodass sie nur kriechen können. Das macht weniger Lärm. Wahrscheinlich bekommen sie starke Beruhigungsmittel. Sie schreien und juchzen nicht mehr, sondern plappern nur noch vor sich hin, ganz leise, wie im Schlaf. Jetzt grüßen wir die Eltern wieder, wenn wir ih- 25 nen auf der Treppe begegnen. Wie geht es den Kindern, fragen wir sogar. Gut, sagen die Eltern. Warum sie dabei Tränen in den Augen haben, weiß ich nicht.

2 *Kreuze die richtige Antwort an.*

In der Kurzgeschichte „Ein ruhiges Haus" geht es in erster Linie um

☐ **A** Kinder, die ihre Nachbarn stören.

☐ **B** das intolerante Verhalten von Erwachsenen gegenüber Familien mit Kindern.

☐ **C** Eltern, die ihre Kinder nicht zur Ruhe anhalten.

3 *Kreuze an, welche Erzählform auf die Geschichte zutrifft.*

☐ Er-/Sie-Erzählung

☐ Ich-Erzählung

4 *Überprüfe sorgfältig, welches Erzählverhalten vorliegt. Kreuze an.*

☐ personal

☐ auktorial

5 *Kreuze an, welche Eigenschaften auf die Erzählerfigur zutreffen.*

☐ **A** intolerant ☐ **B** ungeduldig ☐ **C** einfühlsam ☐ **D** egoistisch

☐ **E** misstrauisch ☐ **F** hinterhältig ☐ **G** rücksichtslos ☐ **H** kinderfeindlich

6 *Wie ist der Titel „Ein ruhiges Haus" zu verstehen? Kreuze zwei richtige Antworten an.*

☐ **A** Ein ruhiges Haus, in dem Harmonie herrscht.

☐ **B** Ein Haus ohne Lärm, in dem jedoch kein Frieden herrscht.

☐ **C** Ein Haus, in dem Kinder keinen Raum für ihre Entwicklung haben.

Werte deine Ergebnisse aus, indem du deine Antworten mit dem Lösungsheft abgleichst. Für jede richtige Antwort bekommst du einen Punkt.

😊 **11–8 Punkte**
Gut gemacht!

🙂 **7–5 Punkte**
Gar nicht schlecht. Schau dir die Merkkästen der Seiten 68 bis 72 noch einmal an.

🙁 **4–0 Punkte**
Arbeite die Seiten 68 bis 72 noch einmal sorgfältig durch.

Dramenszenen erschließen

Manfred Mai

Friedrich Schiller: Wilhelm Tell

In Friedrich Schillers letztem vollendeten Werk geht es um Tyrannei und Freiheit, um Recht und Unrecht. Das Stück handelt vom Freiheitskampf der Schweizer, die zu Beginn des 14. Jahrhunderts noch zum Deutschen Reich gehörten. Es beginnt mit der Beschreibung eines friedlichen, ländlichen Idylls. In diese fast paradiesische Welt bricht die Politik in Gestalt der habsburgischen Landvögte ein, die das Volk tyrannisieren. Als sie es immer schlimmer treiben, treffen sich Vertreter der drei Ur-Kantone Schwyz, Uri und Unterwalden auf dem Rütli und beraten, was sie tun sollen. Sie entschließen sich zum Widerstand. Der Titelheld ist mit den Plänen seiner Landsleute nicht einverstanden. Er vertraut darauf, dass der Spuk bald vorübergeht und die natürliche Ordnung wiederhergestellt wird. Er wird erst aktiv, nachdem der Landvogt Geßler ihn gezwungen hat, mit der Armbrust einen Apfel vom Kopf seines Sohnes zu schießen. Tell beschließt, den Tyrannen zu töten. Auch wenn Tells Motive persönlicher Art sind, ist seine Tat politisch bedeutsam. Sie löst den Aufstand aus, der dann schnell und ohne Blutvergießen gelingt.

Friedrich Schiller

Wilhelm Tell (1804) – Erster Aufzug, 2. Szene

*Stauffacher setzt sich kummervoll auf eine Bank unter der Linde. So findet ihn **Gertrud**, seine Frau, die sich neben ihn stellt und ihn eine Zeit lang schweigend betrachtet.*

GERTRUD: So ernst, mein Freund? Ich kenne dich nicht mehr.
    Schon viele Tage seh ich's schweigend an,
    Wie finstrer Trübsinn deine Stirne furcht.
    Auf deinem Herzen drückt ein still Gebresten[1],
    Vertrau es mir, ich bin dein treues Weib,
    Und meine Hälfte fordr ich deines Grams.
    Stauffacher reicht ihr die Hand und schweigt.
    Was kann dein Herz beklemmen, sag es mir.
    Gesegnet ist dein Fleiß, dein Glücksstand blüht,
    Voll sind die Scheunen, und der Rinder Scharen,
    Der glatten Pferde wohlgenährte Zucht
    Ist von den Bergen glücklich heimgebracht
    Zur Winterung in den bequemen Ställen.
    – Da steht dein Haus, reich, wie ein Edelsitz
    von schönem Stammholz ist es neu gezimmert
    Und nach dem Richtmaß[2] ordentlich gefügt,
    Von vielen Fenstern glänzt es wohnlich, hell,
    Mit bunten Wappenschildern ist's bemalt,
    Und weisen Sprüchen, die der Wandersmann
    Verweilend liest und ihren Sinn bewundert.
STAUFFACHER: Wohl steht das Haus gezimmert und gefügt,
    Doch ach – es wankt der Grund, auf den wir bauten.
GERTRUD: Mein Werner sage, wie verstehst du das?
STAUFFACHER: Vor dieser Linde saß ich jüngst wie heut,
    Das schön Vollbrachte freudig überdenkend,

Da kam daher von Küssnacht, seiner Burg,
Der Vogt mit seinen Reisigen geritten.
Vor diesem Hause hielt er wundernd an,
Doch ich erhub mich schnell, und unterwürfig
Wie sich's gebührt, trat ich dem Herrn entgegen,
Der uns des Kaisers richterliche Macht
Vorstellt im Lande. „Wessen ist dies Haus?",
Fragt' er bösmeinend, denn er wusst es wohl.
Doch schnell besonnen ich entgegn ihm so:
„Dies Haus, Herr Vogt[3], ist meines Herrn des Kaisers,
Und Eures und mein Lehen"[4] – da versetzt er:
„Ich bin Regent im Land an Kaisers statt,
Und will nicht, dass der Bauer Häuser baue
Auf seine eigne Hand und also frei
Hinleb, als ob er Herr wär in dem Lande,
Ich werd mich unterstehn, Euch das zu wehren."
Dies sagend ritt er trutziglich[5] von dannen,
Ich aber blieb mit kummervoller Seele,
Das Wort bedenkend, das der Böse sprach.
GERTRUD: Mein lieber Herr und Ehewirt[6]! Magst du
    Ein redlich[7] Wort von deinem Weib vernehmen?
    Des edlen Ibergs Tochter rühm ich mich,
    Des vielerfahrnen Manns. Wir Schwestern saßen,
    Die Wolle spinnend, in den langen Nächten,
    Wenn bei dem Vater sich des Volkes Häupter
    Versammelten, die Pergamente[8] lasen
    Der alten Kaiser und des Landes Wohl

1 **Gebresten:** Leiden
2 **Richtmaß:** Norm

3 **Vogt (Landvogt):** vom Kaiser eingesetzter Verwaltungsbeamter und Richter
4 **Lehen:** vom Kaiser zur Bewirtschaftung verliehenes Land
5 **trutziglich:** trotzig, stur
6 **Ehewirt:** Ehemann
7 **redlich:** ehrlich
8 **Pergamente:** Unterlagen (auf Lederhäute geschrieben)

Bedachten in vernünftigem Gespräch.
Aufmerkend hört ich da manch kluges Wort,
60 Was der Verständ'ge denkt, der Gute wünscht,
Und still im Herzen hab ich mir's bewahrt.
So höre denn und acht auf meine Rede,
Denn was dich presste, sieh, das wusst ich längst.
– Dir grollt der Landvogt, möcht gern dir schaden,
65 Denn du bist ihm ein Hindernis, dass sich
Der Schwyzer nicht dem neuen Fürstenhaus
Will unterwerfen, sondern treu und fest
Beim Reich beharren, wie die würdigen
Altvordern es gehalten und getan. –
70 Ist's nicht so Werner? Sag es, wenn ich lüge!
STAUFFACHER: So ist's, das ist des Geßlers Groll auf mich.
GERTRUD: Er ist dir neidisch, weil du glücklich wohnst,
Ein freier Mann auf deinem eignen Erb
– Denn er hat keins. Vom Kaiser selbst und Reich
75 Trägst du dies Haus zu Lehn, du darfst es zeigen,
So gut der Reichsfürst seine Länder zeigt,
Denn über dir erkennst du keinen Herrn
Als nur den Höchsten in der Christenheit –
Er ist ein jüngrer Sohn nur seines Hauses,
80 Nichts nennt er sein als seinen Rittermantel,
Drum sieht er jedes Biedermannes Glück
Mit scheelen⁹ Augen gift'ger Missgunst an,
Dir hat er längst den Untergang geschworen –
Noch stehst du unversehrt – Willst du erwarten,
85 Bis er die böse Lust an dir gebüßt?
Der kluge Mann baut vor.
STAUFFACHER: Was ist zu tun?
GERTRUD *tritt näher:* So höre meinen Rat! Du weißt, wie hier
Zu Schwyz sich alle Redlichen beklagen
90 Ob dieses Landvogts Geiz und Wüterei.
So zweifle nicht, dass sie dort drüben auch
In Unterwalden und im Urner Land
Des Dranges müd sind und des harten Jochs –
Denn wie der Geßler hier, so schafft es frech
95 Der Landenberger drüben überm See –
Es kommt kein Fischerkahn zu uns herüber,
Der nicht ein neues Unheil und Gewalt-
Beginnen von den Vögten uns verkündet.
Drum tät es gut, dass eurer etliche,
100 Die's redlich meinen, still zu Rate gingen,
Wie man des Drucks sich möcht erledigen.
So acht ich wohl, Gott würd euch nicht verlassen
Und der gerechten Sache gnädig sein –
Hast du in Uri keinen Gastfreund, sprich,
105 Dem du dein Herz magst redlich offenbaren?
STAUFFACHER: Der wackern Männer kenn ich viele dort,
Und angesehen große Herrenleute,
Die mir geheim sind und gar wohl vertraut.
Er steht auf.
110 Frau, welchen Sturm gefährlicher Gedanken
Weckst du mir in der stillen Brust! Mein Innerstes

Kehrst du ans Licht des Tages mir entgegen,
Und was ich mir zu denken still verbot,
115 Du sprichst's mit leichter Zunge kecklich aus.
– Hast du auch wohl bedacht, was du mir rätst?
Die wilde Zwietracht und den Klang der Waffen
Rufst du in dieses friedgewohnte Tal –
Wir wagten es, ein schwaches Volk der Hirten,
120 In Kampf zu gehen mit dem Herrn der Welt?
Der gute Schein nur ist's, worauf sie warten,
Um loszulassen auf dies arme Land
Die wilden Horden ihrer Kriegesmacht,
Darin zu schalten mit des Siegers Rechten
125 Und unterm Schein gerechter Züchtigung¹⁰
Die alten Freiheitsbriefe zu vertilgen.
GERTRUD: Ihr seid auch Männer, wisset eure Axt
zu führen, und dem Mutigen hilft Gott!
STAUFFACHER: O Weib! Ein furchtbar wütend Schrecknis ist
130 Der Krieg, die Herde schlägt er und den Hirten.
GERTRUD: Ertragen muss man, was der Himmel sendet,
Unbilliges erträgt kein edles Herz.
STAUFFACHER: Dies Haus erfreut dich, das wir neu
erbauten.
135 Der Krieg, der ungeheure, brennt es nieder.
GERTRUD: Wüsst ich mein Herz an zeitlich Gut gefesselt,
Den Brand würf ich hinein mit eigner Hand.
STAUFFACHER: Du glaubst an Menschlichkeit! Es schont
der Krieg
140 Auch nicht das zarte Kindlein in der Wiege.
GERTRUD: Die Unschuld hat im Himmel einen Freund!
– Sieh vorwärts, Werner, und nicht hinter dich.
STAUFFACHER: Wir Männer können tapfer fechtend sterben,
Welch Schicksal aber wird das eure sein?
145 GERTRUD: Die letzte Wahl steht auch dem Schwächsten
offen,
Ein Sprung von dieser Brücke macht mich frei.
STAUFFACHER *stürzt in ihre Arme:* Wer solch ein Herz an
seinen Busen drückt,
150 Der kann für Herd und Hof mit Freuden fechten.
Und keines Königs Heermacht fürchtet er –
Nach Uri fahr ich stehnden Fußes gleich,
Dort lebt ein Gastfreund mir, Herr Walther Fürst,
Der über diese Zeiten denkt wie ich.
155 Auch find ich dort den edlen Bannerherrn
Von Attinghaus – obgleich von hohem Stamm
Liebt er das Volk und ehrt die alten Sitten.
Mit ihnen beiden pfleg ich Rats, wie man
Der Landesfeinde mutig sich erwehrt –
160 Leb wohl – und weil ich fern bin, führe du
Mit klugem Sinn das Regiment des Hauses –
Dem Pilger, der zum Gotteshause wallt,
Dem frommen Mönch, der für sein Kloster sammelt,
Gib reichlich und entlass ihn wohlgepflegt.
165 Stauffachers Haus verbirgt sich nicht. Zuäußerst
Am offnen Heerweg steht's, ein wirtlich Dach
Für alle Wandrer, die des Weges fahren.

---

9 scheel: neidisch

10 Züchtigung: Strafe

Die Eingangsszene eines Dramas bezeichnet man auch als **Exposition** (Einführung).
Die Exposition stellt die **Hauptfiguren** vor und führt in **Ort und Zeit** ein. Falls nötig, wird die
Vorgeschichte der Handlung vorgestellt. Zudem zeichnen sich **Konflikte** ab, die die Handlung des
Dramas vorantreiben und ihm Spannung geben.

1 Lies die Auszüge aus der zweiten Szene des ersten Aufzugs aus „Wilhelm Tell" (S. 74–75) und markiere mit gelbem
Stift die Textstellen, die zeigen, dass sich hier ein Konflikt anbahnt.

2 Wer steht Stauffacher in diesem Konflikt gegenüber? Sammle stichwortartig alle Informationen, die du über diese
Figur aus dem Text erhältst.

3 Der Konflikt spielt sich nicht nur zwischen diesen zwei Männern ab: Belege dies durch Textaussagen (mit
Zeilenangaben), die du mit eigenen Worten zusammenfasst.

4 a) Kreuze die richtige Antwort an: „Denn über dir erkennst du keinen Herrn / Als nur den Höchsten in der
Christenheit" (Z. 77 f.) – damit ist gemeint:

☐ Gott   ☐ der Vogt   ☐ der Kaiser   ☐ Jesus Christus

b) Begründe deine Entscheidung. _____

5 a) Beschreibe die Stimmung zu Beginn und am Ende der Szene, indem du passende Adjektive und Umschreibungen
sammelst.

Stimmung am Anfang der Szene	Stimmung am Ende der Szene

b) Wenn du die Stimmungen vergleichst, wirst du einen Stimmungswandel feststellen. Beschreibe diesen knapp.
Berücksichtige auch, was dazu geführt hat.

 Rollenbiografie
Eine Rollenbiografie ist eine Selbstdarstellung einer Dramenfigur in Ich-Form. Sie dient dazu, sich in die Figur hineinzuversetzen und ein möglichst genaues und lebendiges Bild von ihr zu gewinnen.
Dazu muss man alle Informationen verwenden, die man aus dem Dramentext zu der Figur herauslesen kann, manches aber auch aus der Fantasie ergänzen, um ein abgerundetes Bild von der Figur zu gewinnen. Die Ergänzungen müssen jedoch zu den Textinformationen passen.

6 a) *Markiere mit* blauem *Stift auf den S. 74–75 Textstellen, die wichtige Informationen über Werner Stauffacher geben. Informationen bekommst du von ihm selbst oder durch seine Frau Gertrud.*
b) *Schreibe eine Rollenbiografie von Werner Stauffacher. Nutze die vorgegebenen Aspekte, um deine Informationen gegliedert zusammenzustellen. Anfangen kannst du so:* Ich bin Werner Stauffacher …
Schreibe in dein Heft.

Beruf, äußere Lebensumstände, Familienverhältnisse:
_____
_____
_____
_____

Verhältnis zu den Mitmenschen:
_____
_____
_____

Einstellungen, Haltungen:
_____
_____
_____

wichtige Erfahrungen:
_____
_____
_____

Ängste, Sorgen und Sehnsüchte:
_____
_____
_____
_____

 7 *Erarbeite in gleicher Weise eine Rollenbiografie zu Gertrud, Stauffachers Frau. Schreibe in dein Heft.*

Teste dich! – Dramentexte erschließen

1 *Welche der folgenden Aussagen ist zutreffend? Kreuze an.*

richtig falsch

A Werner Stauffacher ist ein adeliger Burgherr. ☐ ☐

B Werner Stauffacher ist ein freier, wohlhabender Bauer. ☐ ☐

C Gertrud überredet ihren Ehemann gegen seinen Willen, sich gegen den Vogt zu wehren. ☐ ☐

D Gertrud spricht aus, was Stauffacher selbst auch schon gedacht, aber nicht zu sagen gewagt hat. ☐ ☐

E Gertrud überzeugt ihren Ehemann von der Notwendigkeit zu handeln. ☐ ☐

F Stauffacher ist zu feige, sich gegen den Landvogt zu wehren. ☐ ☐

G Gertrud hat in ihrer Kindheit bereits einmal erlebt, wie ihr Vater einen Aufstand organisiert hat. ☐ ☐

H Gertrud ist in einer angesehenen Familie groß geworden, in der sie auch bei politischen Besprechungen einiges gelernt hat. ☐ ☐

2 *Wähle die drei Adjektive aus, die das Verhältnis der Eheleute Stauffacher zueinander passend benennen.*

☐ nörglerisch   ☐ vertrauensvoll   ☐ misstrauisch   ☐ unaufrichtig

☐ verständnisvoll   ☐ unzufrieden   ☐ offen   ☐ hinterhältig

3 *In der Szene I, 2 zeichnet sich ab, dass sich im dramatischen Konflikt zwei Parteien bilden werden: Kennzeichne die Figuren, die zu Stauffachers Seite zu rechnen sind, mit A und die Figuren, die auf der gegnerischen Seite anzusiedeln sind, mit B.*

☐ Geßler   ☐ Der Landenberger   ☐ Gertrud

☐ Walther Fürst   ☐ Der Bannerherr von Attinghaus

4 *Formuliere drei Bedenken, die Stauffacher gegen einen bewaffneten Kampf äußert. Lies dazu noch einmal aufmerksam die Zeilen 129–146.*

1. _____

2. _____

3. _____

5 *Was leistet diese Szene für das Verständnis des Zuschauers bzw. des Lesers? Nenne zwei Funktionen, die diese Szene hat.*

1. _____

2. _____

Werte deine Ergebnisse aus, indem du deine Antworten mit dem Lösungsheft abgleichst. Für jede richtige Antwort bekommst du einen Punkt.

| ☺ **17–13 Punkte** Gut gemacht! | ☺ **12–8 Punkte** Gar nicht schlecht. Schau dir die Merk-kästen der Seiten 74 bis 77 noch einmal an. | ☹ **7–0 Punkte** Arbeite die Seiten 74 bis 77 noch einmal sorgfältig durch. |

Lesetraining: Gedichte interpretierend vortragen

ARBEITSTECHNIK

Arbeitstechnik – Schreibbilder gestalten

Um Gedichte für einen Vortrag vorzubereiten, kannst du diese als Bilder gestalten. Möglichkeiten sind z. B.:

- ☐ unterschiedliche Größe, Breite und Dicke der Buchstaben bzw. Wörter,
- ☐ Vervielfachung bestimmter Buchstaben, die gedehnt, gesummt, gerollt usw. werden sollen,
- ☐ größere und/oder kleinere Abstände zwischen Buchstaben, Wörtern und Zeilen, um Sprechgeschwindigkeit und Pausen zu veranschaulichen,
- ☐ Einsatz verschiedener Farben, um z. B. Stimmungen auszudrücken.

1 a) Trage das nachfolgende Schreibbild zu einem Gedicht Eugen Gomringers entsprechend der Gestaltung laut vor.
b) Übertrage das Schreibbild wieder in einen „normal" geschriebenen Gedichttext. Schreibe in dein Heft.

Eugen Gomringer

Konstellationen für einen HISTORIKER (1964)

was WAHR war   wird werden

wird   was WAHR war   werden

wird werden   was WAHR war

wird WAHR werden   was war

was war   wird WAHR werden

was werden wird   war WAHR

WAHR werden wird   was war

2 a) Bereite „worte sind schatten" für den Gedichtvortrag vor, indem du ein Schreibbild dazu anfertigst: Schreibe in dein Heft. Die Gestaltung soll vor Augen führen, wie sich das Gedicht passend zu seiner Aussage vortragen lässt.
b) Übe dann, das Gedicht entsprechend deiner Gestaltung vorzutragen.

Eugen Gomringer

worte sind schatten (1977)

worte sind schatten
schatten werden worte

worte sind spiele
spiele werden worte

5 sind schatten worte
werden worte spiele

sind spiele worte
werden worte schatten

sind worte schatten
10 werden spiele worte

sind worte spiele
werden schatten worte

Ich teste meinen Lernstand

Diagnose: Meine Stärken und Schwächen im Fach Deutsch

1 *Die Übersicht zeigt dir die wichtigsten Bereiche im Fach Deutsch.*
a) Kreuze für jeden Bereich an, wie gut du ihn schon beherrschst.
b) Frische dein Wissen auf und fülle Lücken: Schlage zu den Bereichen, die du nicht gut oder nur mittelmäßig beherrschst, noch einmal die Übungen auf den angegebenen Seiten nach. Sieh dir dort die Merkkästen an. Führe Übungen, die du noch nicht gemacht hast, aus.

Bereich	gut	mittel	nicht gut	Übungen auf Seite	Wiederholung erledigt
Textverstehen, z. B.					
Informationen aus Texten schrittweise entnehmen (markieren, Fragen stellen, Begriffe klären, gliedern, zusammenfassen)	☐	☐	☐	S. 61–65	☐
Grafiken, Schaubilder und Tabellen verstehen	☐	☐	☐	S. 65	☐
Merkmale von Texten kennen und unterscheiden (z. B. Kommentar, Kurzgeschichte, Reportage, Gedicht, Dialog)	☐	☐	☐	S. 7, 10, 12, 14, 61, 66, 68, 74	☐
Texte gliedern (z. B. in Handlungsschritte, in Sinnabschnitte)	☐	☐	☐	S. 64, 69	☐
Literarische Figuren charakterisieren	☐	☐	☐	S. 71, 77	☐
Figurenbeziehungen in einem Schaubild darstellen	☐	☐	☐	S. 71	☐
Schreiben, z. B.					
Den Schreibprozess in mehrere Arbeitsschritte gliedern (z. B. Ideen im Cluster sammeln, gliedern, Formulierungen ausprobieren, überarbeiten)	☐	☐	☐	S. 3, 7 f., 15, 19–21, 68–77	☐
Einen sachlichen Bericht schreiben	☐	☐	☐	S. 7–9	☐
Personen, Dinge, Vorgänge anschaulich beschreiben	☐	☐	☐	S. 14–17	☐
Stellung beziehen und Meinungen mit Argumenten begründen	☐	☐	☐	S. 19–21	☐
Literarische Texte umformen, weiterschreiben, ergänzen	☐	☐	☐	S. 13, 72, 77	☐
Nachdenken über Sprache, z. B.					
Die Zielrichtung und Wirkung verschiedener Ausdrucksweisen kennen und unterscheiden (z. B. informierende, argumentierende, appellative Texte)	☐	☐	☐	S. 7, 10, 12, 19–21, 61–66	☐
Wortarten kennen und unterscheiden (z. B. Adjektiv, Verb, Konjunktion, Pronomen)	☐	☐	☐	S. 12, 14, 21, 30, 47, 52	☐
Tempusformen, Aktiv/Passiv und Konjunktiv unterscheiden und anwenden	☐	☐	☐	S. 23, 24–29, 30	☐
Satzbauformen und Satzverbindungen kennen und anwenden (z. B. Satzglieder, Gliedsätze, Subjekt- und Objektsatz, Satzgefüge)	☐	☐	☐	S. 32–43	☐
Wortbedeutungen erschließen und unterscheiden (z. B. Ober- und Unterbegriff, Synonym/Antonym, Metapher, Fremdwort)	☐	☐	☐	S. 14, 19, 54, 63	☐
Richtig schreiben (Rechtschreib- und Zeichensetzungsregeln)	☐	☐	☐	S. 46–59	☐

TIPP

Mit dem folgenden Test kannst du prüfen, wie gut du folgende Bereiche tatsächlich beherrschst:

- ☐ das **Verstehen von Texten** (Aufgaben A),
- ☐ **Grammatik** (Aufgaben B),
- ☐ **Rechtschreibung** (Aufgabe C),
- ☐ und **Schreiben** (Aufgabe D).

In dem Test begegnen dir **Aufgaben,** wie sie in Lernstandstests vorkommen können, z. B.: in einer Auswahl möglicher Antworten die richtige ankreuzen, Lückentexte korrekt ausfüllen oder kurze Begründungen formulieren.

Wenn du prüfen möchtest, ob du einen Lernstandstest in „Echtzeit" schaffen würdest, solltest du dir einen **Zeitrahmen** setzen und versuchen, diesen einzuhalten: Versuche, die Aufgaben A bis C in 90 Minuten zu schaffen und die Aufgabe D in 30 Minuten.

Lies die Texte und die Aufgabenstellungen immer sehr aufmerksam und überlege, bevor du z. B. vorschnell ankreuzt, ob du jeweils genau verstanden hast, was verlangt wird. Stelle Aufgaben, die du nicht auf Anhieb lösen kannst, zurück und bearbeite sie zum Schluss.

Du kannst deine Antworten mit Hilfe des Lösungsheftes selbst überprüfen und anhand der erreichten Punktzahl deinen **Lernstand bewerten.** Stelle abschließend deine Fehlerschwerpunkte fest und überlege, welche Bereiche du wiederholen und üben musst.

Das Thema „Spiel" – Begriffe zuordnen

1 *Schreibe je einen der angebotenen Begriffe rund um das Thema „Spiel" in die Felder, in die er als Synonym oder aber als Antonym gehört.*

Taktik	vortäuschen	Amüsement	Sein	Ernst	Sport
Zwang	falschspielen	verlieren	Glück	Schicksal	Risiko

Wettkampf _____

betrügen _____

Unterhaltung _____

gewinnen _____

Sucht _____

Strategie _____

Spiel

Wagnis _____

schauspielern _____

Spaß _____

Zufall _____

Pech _____

Schein _____

6 P.

A1 Literarische Texte verstehen

Peter Bichsel

Das Kartenspiel (1964)

Herr Kurt sagt nichts. Er sitzt da und schaut dem Spiel zu. Die vier legen ihre Karten auf den Tisch, die Asse und die Könige, die Achter und die Zehner, die roten zu den roten und die schwarzen zu den schwarzen. Herr Kurt
5 lässt sich sein Bier temperieren. Sein Glas steht in einem verchromten Gefäß mit heißem Wasser. Von Zeit zu Zeit hebt er es vorsichtig, lässt das Wasser abtropfen. Oft stellt er es zurück, ohne zu trinken; denn er schaut dem Spiel zu.
10 Herr Kurt hat seinen Platz, niemand weiß seit wann und weshalb. Aber um fünf Uhr ist er da, setzt sich oben an den Tisch, grüßt, wenn er gegrüßt wird, bestellt sein Bier und man bringt ihm das heiße Wasser dazu. Um fünf Uhr sind auch die andern da, die vier, und spielen
15 Karten, nicht immer dieselben vier, am Montag meist jüngere, am Dienstag Geschäftsleute, am Freitag vier ehemalige Schulkollegen, Jahrgang 1912, und an den übrigen Wochentagen irgendwelche vier. Oben am Tisch sitzt immer Herr Kurt. Er trinkt ein Bier und sitzt
20 bis sieben Uhr da. Ist das Spiel spannend, bleibt er eine Viertelstunde länger, später geht er nie. Im Restaurant sitzen auch andere, aber kein anderer kommt jeden Tag. Selbst der Wirt ist nicht jeden Abend da und die Kellnerin hat am Mittwoch ihren freien Tag. Herr Kurt macht
25 niemanden neugierig. Trotzdem hat man ihn in den Jah-

ren kennen gelernt. In der Agenda[1] des Wirts steht unter dem 14. Juli „Herr Kurt". An diesem Tag, es ist sein Geburtstag, bekommt Herr Kurt sein Gratisbier. Der Wirt kann sich nicht erinnern, woher er Herrn Kurts Geburts-
30 tag kennt. Man würde Herrn Kurt nicht danach fragen. Nach dem Spiel werfen die vier ihre Karten auf den Tisch, nehmen die Kreide und zählen zusammen, die Verlierer bezahlen die Zeche. Dann ereifern sie sich über Spielregeln und Taktik, machen sich gegenseitig Vor-
35 würfe und rechnen sich aus, was geschehen wäre, wenn man den König später und den Zehner früher ausgespielt hätte. Herr Kurt nickt ab und zu oder schüttelt den Kopf. Er sagt nichts. Wenn Herr Kurt die Regeln des Kartenspiels nicht kennen würde, sähe er sein Leben lang nur rote und schwarze Karten. Aber er kennt die
40 Karten und er kennt das Spiel. Es ist wahrscheinlich, dass er es kennt.
Bei Herrn Kurts Beerdigung wird man alles über ihn erfahren, die Todesursache, sein Alter, seinen Geburtsort, seinen Beruf. Man wird vielleicht überrascht sein. Und
45 später wird, weil es unvermeidlich ist, ein Spieler sagen, dass er Herrn Kurt vermisse. Aber das ist nicht wahr, das Spiel hat ganz bestimmte Regeln.

1 **Agenda:** Notizbuch für zu erledigende Dinge; hier: Kalender

2 *Welche Gewohnheiten hat Herr Kurt bei seinen Kneipenbesuchen?
Kreuze die richtige Antwort an.*

☐ **A** Herr Kurt kommt jeden Montag, Dienstag und Freitag zum Kartenspiel.

☐ **B** Herr Kurt bleibt nie länger als zwei Stunden.

☐ **C** Herr Kurt bleibt so lange, wie das Kartenspiel jeweils dauert.

☐ **D** Herr Kurt hat genau festgesetzte Zeiten, zu denen er kommt und wieder geht.

1 P.

3 *Wie verhalten sich die anderen Spieler Herrn Kurt gegenüber?
Kreuze die richtige Antwort an.*

☐ **A** Die anderen wollen nicht, dass Herr Kurt mitspielt.

☐ **B** Herr Kurt möchte nicht mitspielen, sondern nur beobachten.

☐ **C** Herr Kurt möchte mitspielen, will es aber nicht sagen.

☐ **D** Die Spieler fragen sich, ob Herr Kurt mitspielen möchte.

2 P.

4 *Kreuze an, welche Aussagen zum Text zutreffen.*

		richtig	falsch
A	Herrn Kurt macht die anderen neugierig, weil er so häufig in der Kneipe sitzt.	☐	☐
B	Herr Kurt gehört zur Gemeinschaft; er ist ein gern gesehener Gast.	☐	☐
C	Herr Kurt steht außerhalb der Gemeinschaft, obwohl er häufig anwesend ist.	☐	☐
D	Die anderen würden Herrn Kurt gern näher kennen lernen; er ist aber zu verschlossen.	☐	☐
E	Vermutlich kennt Herr Kurt die Spielregeln.	☐	☐
F	Keiner der Spieler wird zu Herrn Kurts Beerdigung kommen.	☐	☐

3 P.

5 *Welche der folgenden Skizzen hältst du für geeignet, um das Grundverhältnis der Figuren zueinander zu veranschaulichen? Kreuze an und begründe deine Entscheidung.*

☐ **A** Die Spieler → Herr Kurt

☐ **C** Herr Kurt   Die Spieler

☐ **B** Herr Kurt → Die Spieler

☐ **D** (Herr Kurt   Die Spieler)

Begründung: *Geeignet ist _____ , weil* _____

_____

_____

_____

_____

_____

4 P.

6 *Drei Schüler deuten in einer Textanalyse den letzten Satz der Geschichte: „Aber das ist nicht wahr, das Spiel hat ganz bestimmte Regeln." (Z. 47 f.).*
a) Lies ihre Deutungen.

Emina
Es wird gesagt, dass der Spieler lügt, wenn er behauptet, Herrn Kurt zu vermissen („Aber das ist nicht wahr ..."). Es gibt nämlich genügend Mitspieler, die sich in der Kneipe treffen. Es gibt also Ersatz für ihn. Die Spielenden haben Herrn Kurt sowieso nur als Randfigur wahrgenommen. Für sie gehört er zur Kneipe wie ein Möbelstück. Und ein Möbelstück würde man ja auch nicht unbedingt vermissen, wenn es fehlt. Dass er vermisst wird, ist so eine Floskel.

Marc
Im letzten Satz geht es nicht mehr nur um das Kartenspiel und die Spielregeln. Hier ist das gesamte Zusammenleben der Menschen als Spiel gemeint. Auch im Leben verhalten sich alle nach bestimmten Spielregeln. Der letzte Satz bezieht sich auf den Satz davor und muss im Zusammenhang gedeutet werden: „Weil es unvermeidlich ist", also zur Lebensregel gehört, sagt man so daher, dass man einen Verstorbenen vermisst. Sogar, wenn man gar nicht so empfindet.

Eva
In der Geschichte denken alle nur an das Kartenspiel und seine festen Regeln. Sie treffen sich in festen Gruppen zu festen Terminen immer am selben Ort. Da alle nur in Regeln denken, denken sie sogar bei einer Beerdigung nur an das nächste Spiel. Denn auch das Kartenspiel hat „ganz bestimmte Regeln", die jeder einhalten muss.

b) Welche der drei Deutungen auf S. 83 überzeugt dich? Begründe.

_____

_____

_____

_____

_____

4 P.

7 *Die Kurzgeschichte von Peter Bichsel soll in einen Sammelband mit Erzählungen rund um ein besonderes Thema aufgenommen werden. Wähle aus, in welche Textsammlung sie am besten passen würde, und begründe deine Meinung:*

☐ **A** Spiele des Lebens ☐ **B** Lustige Geschichten ☐ **C** Einsamkeit ☐ **D** Spielfreude

Ich wähle Titel _____ , weil _____

_____

_____

_____

_____

_____

_____

6 P.

B1 Nachdenken über Sprache: Das Prädikat bestimmen

8 *Die folgenden Sätze sind der Kurzgeschichte entnommen. Bestimme das Tempus des Prädikats.*

A „Man wird vielleicht überrascht sein."

_____

B „Aber das ist nicht wahr, das Spiel hat ganz bestimmte Regeln."

2 P.

9 *Kreuze an, welche grammatische Form die Prädikate im folgenden Satz haben: „Wenn Herr Kurt die Regeln des Kartenspiels nicht kennen würde, sähe er sein Leben lang nur rote und schwarze Karten."*

☐ **A** 3. Person Singular, Konjunktiv I, Aktiv   ☐ **B** 3. Person Singular, Konjunktiv I, Passiv

☐ **C** 3. Person Singular, Konjunktiv II, Aktiv   ☐ **D** 3. Person Singular, Konjunktiv II, Passiv

2 P.

A2 Literarische Texte verstehen

Fjodor M. Dostojewskij

Der Spieler (1866)

Alexej Iwanowitsch ist bei einer hoch verschuldeten Generals-
familie als Hauslehrer angestellt. Er begleitet die an den Roll-
stuhl gebundene reiche Großtante der Familie zu einem Rou-
lettespiel.

[...] Die Sache ging wie folgt vor sich.
Die alte Dame versteifte sich sofort auf Zéro[1] und befahl,
jedes Mal zwölf Friedrichsdor[2] zu setzen. Wir setzten
einmal, zweimal, dreimal – Zéro kam nicht.
5 „Setze, setze!", stieß mich die Tante voller Ungeduld. Ich
gehorchte.
„Wie oft haben wir schon gesetzt?", fragte sie endlich,
vor Ungeduld mit den Zähnen knirschend.
„Ich habe zwölfmal gesetzt, Tantchen. Wir haben hun-
10 dertundvierzig Friedrichsdor verloren. Ich sage Ihnen,
am Abend wird vielleicht ..."
„Schweig!", unterbrach sie mich. „Setze auf Zéro und
gleichzeitig tausend Gulden auf Rot[1]. Da ist das Geld."
Rot gewann, aber Zéro war wieder ein Fehlschlag; man
15 zahlte uns tausend Gulden aus.
„Siehst du, siehst du!", flüsterte die Generalin, „wir haben beinahe alles wiederbekommen, was wir verspielt
haben. Setze wieder auf Zéro; wir wollen noch zehnmal
setzen und dann aufhören."
20 Beim fünften Mal aber verlor sie ganz den Mut.
„Der Teufel soll dieses ekelhafte Zéro holen. Da, setze die
ganzen viertausend Gulden auf Rot", befahl sie.
„Tantchen! das ist zu viel; wenn Rot nun nicht kommt",
flehte ich; die Großtante war nahe dran, mich zu schla-
25 gen, übrigens stieß sie mich so heftig, dass man das beinahe auch schon schlagen nennen konnte. Es war nichts
zu machen, ich setzte die viertausend Gulden, die wir
heute Vormittag gewonnen hatten, auf Rot. Die Großtante saß ruhig und stolz aufgerichtet da und zweifelte
30 gar nicht an einem sicheren Gewinn.
„Zéro!", verkündete der Croupier[3].
Die Großtante hatte das nicht gleich verstanden; als sie
aber sah, dass der Croupier ihre viertausend Gulden ein-
zog, zusammen mit allem, was auf dem Tisch lag, und
35 erfuhr, dass Zéro, das so lange nicht gekommen war und
auf das wir beinahe zweihundert Friedrichsdor verloren
hatten, endlich da war, wie zum Tort[4] gerade jetzt, als sie
darüber geschimpft und es zum Teufel geschickt hatte,
da schlug sie die Hände über dem Kopf zusammen und
40 ächzte über den ganzen Saal. Die Umstehenden lachten
sogar.

1 **Zéro (Null), Rot:** Felder auf der Spielfläche des Roulettetisches
2 **Friedrichsdor:** wertvolle preußische Goldmünze, die zwischen 1741–
   1885 benutzt wurde
3 **Croupier:** Angestellter der Spielbank, der das Roulettespiel leitet und
   überwacht
4 **Tort:** Unrecht

„Herrgott! Nun ist dieses verfluchte Ding gekommen",
stöhnte die Alte. „Nein, so ein verdammtes Ding! Das
bist du! Das bist alles du!", fuhr sie mich wütend an und
stieß mich. „Du hast mir davon abgeraten."   45
„Tantchen, ich habe Ihnen das Beste geraten, wie kann
ich für alle Chancen verantwortlich sein?"
„Ich werde dir Chancen zeigen", flüsterte sie zornig,
„scher dich weg von mir!"
„Leben Sie wohl, Tantchen." Ich wandte mich zum Ge- 50
hen. „Alexej Iwanowitsch, Alexej Iwanowitsch, bleib
doch! Wohin gehst du? Nun was denn, was denn? Was
ärgerst du dich? Dummkopf! Bleib noch, bleib noch ein
Weilchen, ärgere dich nicht, ich bin selber eine Närrin.
Sag einmal, was sollen wir jetzt tun?"   55
„Ich übernehme es nicht mehr, Ihnen Weisungen zu ge-
ben, da Sie mich dann wieder beschuldigen werden.
Spielen Sie allein; befehlen Sie und ich werde setzen."
„Aber, aber! Da, setz noch einmal viertausend Gulden
auf Rot! Hier ist die Brieftasche, nimm." Sie zog die Brief- 60
tasche heraus und überreichte sie mir. „Nimm rasch,
hier sind zwanzigtausend Rubel bares Geld."
„Tantchen", murmelte ich, „solche Einsätze ..."
„Und wenn ich zu Grunde gehe – ich muss mein Geld
zurückgewinnen ... setze!"   65
Wir setzten und verloren.
„Setze, setze! Achttausend auf einmal!"
„Das ist verboten, Tantchen, der höchste Einsatz ist vier-
tausend!"
„So setze vier!"   70
Diesmal gewannen wir. Die alte Dame fasste neuen
Mut.
„Siehst du, siehst du", stieß sie mich an, „setze wieder
vier!"
Wir setzten und verloren; dann verloren wir wieder und 75
wieder.
„Tantchen, die ganzen Zwölftausend sind weg", meldete
ich.

„Ich sehe, dass sie weg sind", sagte sie mit einer Art stiller Wut, wenn man sich so ausdrücken darf. „Ich sehe es, ich sehe es", murmelte sie, vor sich hin starrend und in Gedanken versunken. „Ach! und wenn es mein Leben kostet, setz noch einmal viertausend Gulden."

„Wir haben ja kein Geld mehr; hier in der Brieftasche sind nur noch unsere fünfprozentigen Papiere und irgendwelche Anweisungen; bares Geld ist keines mehr da."

„Und im Portmonnee?"

„Nur noch Kleingeld, Tantchen."

„Gibt es hier Wechselstuben? Man hat mir gesagt, dass man hier alle unsere Papiere einwechseln kann", fragte die Großtante entschlossen.

„Oh, so viel Sie wollen! Aber was Sie bei diesem Tausch verlieren werden, das ... da könnte sogar ein Jude schaudern."

„Unsinn! Ich werde gewinnen! Bring mich dahin! Ruf diese Tölpel!"

Ich schob den Rollstuhl zurück, die Träger erschienen und wir verließen den Kursaal. [...]

10 *Wo und in welchem Kreis findet das Spiel statt? Kreuze die richtige Antwort an.*

☐ **A** Das Spiel findet in einem gemütlichen Privatraum statt. Nur die Großtante, ihr Begleiter Alexej Iwanowitsch und ein weiterer Spieler sind anwesend.

☐ **B** Das Spiel findet in einem öffentlichen Raum statt. Die Großtante und ihr Begleiter Alexej Iwanowitsch spielen mit einem gerissenen Herausforderer.

☐ **C** Das Spiel findet anlässlich des Geburtstags der Großtante in ihrem Haus statt. Viele Gäste spielen mit.

☐ **D** Das Spiel findet in einem öffentlichen Spielkasino statt. Viele Spieler beobachten es.

1 P.

11 *a) Kreuze die richtige Antwort an.*

Die Großtante erlebt das Spiel als

☐ **A** fröhliche Abendunterhaltung.   ☐ **B** lästige Pflichtveranstaltung.

☐ **C** Herausforderung des Schicksals.   ☐ **D** alltägliches Vergnügen.

b) Begründe deine Wahl, indem du dich auf konkrete Textstellen beziehst (gib Zeilen an).

_____

_____

_____

_____

_____

3 P.

12 *Kreuze die richtige Antwort an: Welche Regel gibt es über die Höhe des Einsatzes in Gulden?*

Man darf höchstens setzen

☐ **A** viertausend   ☐ **B** achttausend   ☐ **C** zweitausend   ☐ **D** hundertundvierzig

1 P.

13 *Kreuze an, welche Eigenschaften jeweils auf die Figuren zutreffen.*

Großtante		Alexej Iwanowitsch	Großtante		Alexej Iwanowitsch
☐	launisch	☐	☐	ängstlich	☐
☐	stolz	☐	☐	spielsüchtig	☐
☐	gehorsam	☐	☐	misstrauisch	☐
☐	ungeduldig	☐	☐	vorsichtig	☐

4 P.

14 *Drei Schüler haben das Verhalten der beiden Figuren kommentiert. Welche Ansicht kannst du teilen? Begründe deine Wahl.*

Tim
Es geht in Wirklichkeit gar nicht um das Spiel, sondern um die Familie. Die Figuren verhalten sich wie Mutter und Sohn. Die Großtante ist ungerecht und herrisch und sucht nur einen Grund, um den Jungen wie immer zu beschimpfen. So wird sie es wahrscheinlich jeden Tag machen und so kennt es ja wohl auch jeder.

Maria
Nur weil Alexej sie mit seiner langweiligen, nörgeligen und viel zu vorsichtigen Art so reizt, setzt die Großtante immer mehr. Sie will ihm nur beweisen, dass es ein spannendes Spiel ist, bei dem man mit ein bisschen mehr Mut viel gewinnen kann. Wäre Alexej rechtzeitig gegangen, hätte die Tante sofort das Spiel beendet, weil es ihr nur darum ging, ihm zu zeigen, was wirkliches Leben ist.

Moritz
Die Großtante verfällt immer mehr dem Spielzwang. Sie sucht einen Schuldigen für ihren Verlust und drückt sich vor der eigenen Verantwortung. So beschuldigt sie ihren Begleiter ohne Grund, denn er kann nichts für das Ergebnis des Spiels („Das bist du! Das bist alles du!", Z. 43 f.). Schließlich ist alles Zufall. Alexej Iwanowitsch fordert die Großtante auch zu Recht auf, mit dem Spielen aufzuhören.

Ich teile die Ansicht von _____ , weil _____

_____

_____

_____

_____

_____

_____

8 P.

15 *Wähle eine der drei Grafiken aus, um den Spannungsverlauf des Romanauszugs darzustellen.*

☐ A _____   ☐ B _____   ☐ C _____

Begründe deine Wahl: _____

_____

_____

_____

_____

3 P.

87

A3 Sachtexte verstehen

Dania Dicken

Der Online-Gamer – das unbekannte Wesen (2006)

Die Organisation for Economic Cooperation and Development (OECD)[1] hat im vergangenen Jahr eine Studie mit über 50 000 Teilnehmern durchgeführt und interessante Ergebnisse zu Tage gebracht. [...]
5 Man stellt sich den typischen Computerspieler meist als zumindest leicht übergewichtig, vereinsamt und abgestumpft vor. Das Gegenteil ist laut Gamer-Studie jedoch der Fall. Die Zocker verfügen nicht nur über einen zumeist überdurchschnittlichen Bildungsgrad, sondern
10 sind mit mehr als 40 Prozent durchaus interessiert am Tagesgeschehen und lesen regelmäßig – hauptsächlich, aber nicht ausschließlich Spielemagazine. Zusätzlich haben sie einen sehr breit gefächerten Musikgeschmack und kaufen sich auf ganz altmodische Art und Weise
15 ihre CDs im Laden.
Sie sind Technik-Freaks [...]. Aber sie sitzen nicht nur vor dem Bildschirm, wie die Ergebnisse der Studie zeigen. Die Hälfte von ihnen verbringt einen großen Teil der Freizeit mit sportlichen Aktivitäten, allerdings fällt auf,
20 dass die wenigsten mehr als eine oder zwei Stunden am Tag fernsehen. Und wenn, dann hauptsächlich Filme oder Serien, aber auch Nachrichten.
Somit lässt sich der durchschnittliche junge Online-Spieler als weltoffen beschreiben, vor allem aber auch als ge-
25 sellig. Denn die meisten spielen vor allem gern im Internet, weil es in Team- oder Strategiespielen unbegrenzte Möglichkeiten zum Knüpfen von Kontakten bietet. Man trifft Gleichgesinnte aus aller Welt und schwimmt auf derselben Wellenlänge. Das einsame Zocken ist out.

30 Aber es geht in der Gamer-Szene im Internet nicht zu wie unter Hempels sprichwörtlichem Sofa. Die Electronic Sports League (ESL), gegründet im Dezember 2000, zählt inzwischen über 480 000 aktive Mitglieder und 170 000 registrierte Teams. 50 000 Matches werden mo-
35 natlich dort ausgetragen. Die Liga[2] ist in 20 Ländern vertreten und Treffpunkt für Anhänger von ungefähr einhundert Spielen, wie die OECD-Studie beschreibt. Davon sind 85 Prozent die berüchtigten Ego-Shooter, darunter natürlich Counter-Strike und Counter-Strike Source,
40 aber auch Strategiespiele und Rollenspiele wie Warcraft 3 und World of Warcraft sind im Kommen.

Was macht die Faszination daran aus? [...] Man taucht ein in Abenteuer, die in der normalen Welt unmöglich wären. Das wissen jedoch nicht nur junge Männer (nur zwei Prozent der Spieler sind weiblich) zu schätzen, son-
45 dern auch Studenten vor der Examensprüfung oder berufstätige Ehemänner jenseits der Midlife-Crisis[3], die einen Ausgleich suchen. Mit Schwertern bewaffnet wirft man sich hinein in eine surreale[4] Feuerhölle, man ist einmal Held, steht im Mittelpunkt, erlebt besonderes
50 Herzklopfen und triumphale Glücksgefühle. Es ist wie im Sport: Es ist ein Wettkampf mit- oder gegeneinander und es geht darum, der Beste zu sein. Dies war ein deutliches Ergebnis der Studie.
Zur Gefahr wird dies nur, wenn die fremde Welt nicht
55 zum Ausgleich, sondern zur Realitätsflucht verwendet wird. Dabei geht es, darin sind sich die Spieler einig, etwa bei Counter-Strike nicht ums Aballern von Pixeln[5]. Viele gaben bei der Studie an, dass es um „Teamplay", das Gemeinschaftserlebnis, geht [...].
60 So läuft jemand mit gefestigter Persönlichkeit wohl kaum Gefahr, Realität mit Fiktion zu verwechseln. Oder sitzen die doch überraschend zahlreichen Zocker einem kollektiven[6] Wahn auf? Wohl kaum. Frust entlädt sich im Ballern, Kreativität wird gebraucht, wenn es darum
65 geht, abenteuerliche Missionen zu erfüllen. Und das gemeinsame Spielen schafft eine Ebene zum Austausch.

---

1 **Organisation for Economic Cooperation and Development:** „Organisation für wirtschaftliche Zusammenarbeit und Entwicklung"; Zusammenschluss von 30 Staaten, der u. a. regelmäßig Entwicklungen in den Mitgliedstaaten untersucht und vergleicht (z. B. PISA-Studie).
2 **Liga:** Spiel-, Wettkampfklasse

3 **Midlife-Crisis:** Phase der Besinnung und Neuorientierung in der Lebensmitte (ca. 40–50 Jahre)
4 **surreal:** traumhaft-unwirklich
5 **Pixel:** kleinstes Bildelement auf Bildschirmen
6 **kollektiv:** gemeinschaftlich, alle Beteiligten betreffend

16 Ordne jedem Textabschnitt die richtige Überschrift zu. Schreibe sie jeweils in eine der Leerzeilen zwischen den Abschnitten auf S. 88.

Fremde Welten	*Vorurteile abbauen*	*Organisiertes Vergnügen*	**3 P.**

17 Was ist laut Text **kein** Grund, von Online-Rollenspielen fasziniert zu sein?

Kreuze die richtige Antwort an.

- ☐ **A** Man kann ein Held und der Beste sein.
- ☐ **B** Man erlebt Abenteuer, die in der Realität nicht möglich wären.
- ☐ **C** Man findet einen Ausgleich zur alltäglichen Realität.
- ☐ **D** Man möchte auch im Beruf und in Prüfungen der Beste sein.

2 P.

18 Besteht bei Computerspielen die Gefahr der Realitätsflucht?

Kreuze die richtige Antwort an.

- ☐ **A** Realitätsflucht ist für gefestigte Persönlichkeiten gefährlich.
- ☐ **B** Mit gefestigter Persönlichkeit ist man nicht gefährdet, Realität und Fiktion zu verwechseln.
- ☐ **C** Bei gemeinsamem Online-Rollenspiel besteht die Gefahr, auch gemeinsam Realität und Fiktion zu verwechseln.
- ☐ **D** Das Eintauchen in fremde Welten ist nur gefährlich, wenn man allein spielt.

2 P.

19 Was ist mit der Wendung „Aber es geht in der Gamer-Szene im Internet nicht zu wie unter Hempels sprichwörtlichem Sofa." (Z. 30 f.) gemeint?

Kreuze die richtige Antwort an.

- ☐ **A** In der Gamer-Szene im Internet herrscht Chaos.
- ☐ **B** Bei Hempels unterm Sofa wird Online-Gaming nahezu unmöglich, weil Staub in die Computer dringt.
- ☐ **C** In der Gamer-Szene im Internet herrscht Ordnung.
- ☐ **D** Die Online-Spieler spielen nicht mehr wie früher im Keller oder unterm Sofa.

2 P.

20 *Trage die folgenden Wörter in die Lücken des Textes ein. Achte auf den Sinnzusammenhang des Textausschnitts (Z. 5–29).*

Gleichgesinnte	lesen	interessieren	Sport treiben	zeigen	Computerspieler	überdurchschnittlich

einsam	ungesellig	Musik hören	abgestumpft	Online-Spiel	fernsehen	Kontakte

Den typischen Computerspieler stellt man sich als _____ und

_____ Menschen vor. Die Ergebnisse der OECD-Studie _____

jedoch das Gegenteil. Viele Spieler haben einen _____ Bildungsgrad.

Knapp die Hälfte der _____ ist am Tagesgeschehen _____.

Neben dem Computerspielen beschäftigen sich die Spieler auch mit _____

und _____; auffällig ist, dass sie aber relativ wenig _____. Die

Hälfte der Spieler _____. Dass Computerspieler nicht _____ sind,

zeigt ihr Interesse am _____, denn hier knüpfen sie _____

mit _____.

7 P.

21 *Formuliere die in den folgenden Sätzen unterstrichenen Satzglieder so um, dass Nebensätze entstehen. Ergänze gegebenenfalls notwendige Wörter und schreibe die ganzen Sätze auf.*

Das Gegenteil ist <u>laut Gamer-Studie</u> jedoch der Fall.

_____

_____

<u>Für uneingeschränktes Spielvergnügen</u> ist es notwendig, Technik-Freak zu sein.

_____

_____

„Teamplay" konnte man <u>vor der Zeit der Online-Spiele</u> nur erleben, wenn man sich in heimischen Kellern traf.

_____

_____

_____

So läuft man <u>mit gefestigter Persönlichkeit</u> wohl kaum Gefahr, Realität mit Fiktion zu verwechseln.

_____

_____

4 P.

90

A4 Grafiken verstehen

1 Altersstruktur von Computerspielern   (96,8% sind männlich)

zwischen 25 und 29 Jahren	15%
zwischen 20 und 24 Jahren	25%
zwischen 14 und 19 Jahren	36%

2 Bildungsstand von Computerspielern   Besuch und Abschluss einer Schule

Hochschule	14%
höhere Schule	37%

3 Hardware für Computerspiele   13- bis 19-jährige Jungen besitzen:

Xbox	6%
Gamecube	6%
PlayStation 2	24%
PlayStation 1	32%
Gameboy	41%
PC	60%

22 *Was trifft laut Aussage der Grafiken auf Computerspieler zu?*
Kreuze für jede Formulierung an: richtig oder falsch?

	richtig	falsch
60% der 13- bis 19-jährigen Jungen besitzen einen PC.	☐	☐
24% der Computerspieler besitzt eine PlayStation 1.	☐	☐
Ein Viertel der Computerspieler ist zwischen 20 und 24 Jahre alt.	☐	☐
Weniger als ein Fünftel der Computerspieler hat eine Hochschule, aber mehr als ein Drittel hat die höhere Schule besucht oder abgeschlossen.	☐	☐
14% der Bevölkerung besucht die Hochschule.	☐	☐
Unter den Computerspielern gibt es mehr Menschen, die nach der höheren Schule die Hochschule besuchen, als in der Gesamtbevölkerung.	☐	☐
Mehr als ein Drittel der Computerspieler ist zwischen 14 und 19 Jahre alt.	☐	☐
Mit wachsendem Alter nimmt der Anteil der Computerspieler zu.	☐	☐

4 P.

23 *Setze die Informationen aus den Balkendiagrammen und die Untersuchungsergebnisse der OECD-Studie (Text von Dania Dicken, S. 88) miteinander in Beziehung: Für welche Textstellen finden sich vergleichbare Angaben in den Diagrammen? Beziehe dich auf konkrete Angaben, gib die Zeilen im Text an und die Zahlen aus dem jeweiligen Diagramm.*

_____

_____

_____

_____

6 P.

B 2 Nachdenken über Sprache: Textüberarbeitung

24 *Die Redaktion möchte die Ergebnisse der jüngsten OECD-Studie (Text S. 88) zum Umgang mit Computerspielen zu einem informativen Text für Eltern zusammenfassen. Es liegt ein erster Textentwurf vor, der aber noch verbessert werden muss. Überarbeite die folgenden Textauszüge auf einem gesonderten Blatt wie angegeben.*

a) *Bei der Durchsicht des ersten Abschnitts wurden sachlich-inhaltliche Fehler und Darstellungsfehler gekennzeichnet. Schreibe den Absatz ab und verbessere die benannten Fehler.*

HINWEIS ZU DEN FEHLERKATEGORIEN: *sachlich falsche Angaben (in Bezug auf den Ausgangstext):* **sf**; *sachlich-inhaltliche Ungenauigkeiten:* **ungenau**; *stilistische Fehler in Bezug auf den Adressaten/Ausdruck:* **A**; *Beziehungsfehler:* **Bz**; *Wortfehler:* **W**; *Wiederholungen:* **Wdh**.

`5 P.`

Computerspiele stehen oft in der Kritik. <u>Das habt ihr sicherlich auch schon gecheckt.</u> Jugendliche, die im Internet <u>surfen</u>, werden als gefährdet angesehen. Erwachsene kennen sich in der Regel nicht so gut mit Computerspielen aus und glauben, dass sie schädlich seien. Man denkt, <u>sie</u> verlören den Bezug zur Wirklichkeit und könnten nicht mehr unterscheiden zwischen <u>Wirklichkeit</u> und virtueller Computerwelt. Und man vermutet, sie würden davon <u>vereinsamt</u> und abgestumpft.	A sf Bz Wdh W
Im Gegenteil hat die OECD-Studie, die 50 000 Teilnehmer befragt hat, herausgefunden, dass die Spieler einen hohen Bildungsgrad <u>sind</u> und sich noch für anderes <u>Zeug</u> interessieren. Sie hören Musik und lesen. Außerdem <u>betreibt</u> die Hälfte von ihnen Sport und sie sitzen eher <u>selten vor der Glotze</u>. <u>Mädchen sind auch Online-Spieler.</u>	W A W A ungenau

b) *Der folgende Abschnitt ist bereits überarbeitet worden – links ist der Ursprungstext, rechts die Überarbeitung. Markiere im verbesserten Text in der rechten Spalte, was verändert wurde. Benenne die Art der Korrektur, indem du die Fehlerkategorie (siehe oben) in die mittlere Spalte schreibst.*

`5 P.`

Dass die Zocker am Bildschirm vereinsamen, stimmt so nicht: Viele machen beim Spielen im Internet Kontakte, besonders in virtuellen Rollenspielen, in denen es darum geht, gemeinsam im Team Strategien zu machen. Na ja, man muss aber zugeben, dass ein paar der Online-Spiele Killerspiele sind. Einige Vorurteile für Computerspiele können also abgelegt werden: Sie haben Gesellschaft. Man hat Abenteuer, man hat einen Ausgleich zum Alltagsstress und empfindet Glücksgefühle, weil man im Spiel auch mal der Beste sein kann.		Dass die Spieler am Bildschirm vereinsamen, stimmt so nicht: Viele knüpfen beim Spielen im Internet Kontakte, besonders in virtuellen Rollenspielen, in denen es darum geht, gemeinsam im Team Strategien zu entwickeln. Man muss aber einräumen, dass die meisten (85 %) der Online-Spiele so genannte Ego-Shooter wie „Counter-Strike" sind. Einige Vorurteile gegen Computerspiele können also widerlegt werden: Die Spieler haben Gesellschaft. Man erlebt Abenteuer, findet einen Ausgleich zum Alltagsstress und empfindet Glücksgefühle, weil man im Spiel auch mal der Beste sein kann.

c) *Der letzte Abschnitt des Textes enthält sieben Fehler (vorwiegend W-Fehler). Markiere sie und schreibe eine verbesserte Fassung auf dein Blatt.*

`6 P.`

Die Gefahr sind Computerspiele dann, wenn man zu sehr in die Irrealität des Computers gerät und die Computerwelt nicht nur gelegentlich als Ausweg zum Alltagsleben nutzt. Aber wenn sie uns mal fragen würden:	Man läuft nicht in die Gefahr, den Bezug zur Wirklichkeit zu verlieren, wenn man eine feste Person hat. Und das haben die meisten von uns.

C Rechtschreibung

25 *Eine Website veröffentlicht in ihrem Forum Reaktionen auf die Umfrageergebnisse zur Nutzung von Computerspielen. Du willst einige Beiträge für eine Textsammlung nutzen und diese Beiträge vorher von Fehlern bereinigen. Lies zuerst den ganzen Text und achte dann beim zweiten Lesen auf die Rechtschreib- und Zeichensetzungsfehler. Korrigiere sie in der jeweils unteren Zeile so, wie es das Beispiel zeigt:*

Versingt	der	Spieler	, im	internet	?	→ *Fehler in der oberen Zeile*
Versinkt			,	*Internet*		→ *Korrektur in der unteren Zeile*

Schreibe die richtige Schreibweise jeweils in das Feld unter die fehlerhaften Wörter. Wenn ein Satzzeichen fehlt, setze es in das Kästchen darunter. Beachte: Du sollst nicht den ganzen Text abschreiben, sondern nur das, was falsch ist, korrigieren.

Noch	vor	ein	Paar	Monaten	hatte	ich	keinerlei	Verständniss	für

Online-Zocker	die	zwar	leibhaftig	vor	dir	sitzen	, aber	lengst	in

virtuelle	Spielwelten	versunken	sind	. Statt	gemeinsamer	aktivitäten	wie	Sport

und	echter	Unterhalltung	sitzen	sie	lieber	tage-	und	nächtelang

vereinsamt	vorm	Rechner	. Aber	eines	Tages	, bin	ich	auch	aufs	ganze

gegangen	und	habe	es	selbst	probiert	. Nach	anfänglicher	Skebsiß	bin

ich	total	begeistert	. Diese	virtuelle	Spielwelt	mit	ihrer	lebensächten	Grafik	,

ihren	Herrausforderungen	an	Geschicklichkeit	, Gedechtnis	und	Geduld	bietet

wesentlich	interessanteres	als	das	reale	Leben	. Ausserdem	mußte	ich

beim	spielen	mit	meinen	Vorurteil	, der	Vereinsamung	, aufreumen	: Online-Spieler

bilden	eine	Gemeintschaft	im	virtuellen	Raum	.

10 P.

93

D Schreiben: In einer Redaktionsgruppe argumentieren

Stelle dir Folgendes vor: Eine Redaktionsgruppe in deiner Klasse möchte die Geschichte „Das Kartenspiel" (S. 82) in eine Textsammlung aufnehmen und mit einem Bild illustrieren.

26 *Wähle dazu eines der Bilder aus.*
HINWEIS: Das Bild muss die Situation in der Geschichte nicht getreu nachbilden (z. B. vier Spieler, ein Beobachter, Gaststätte). Es kann auch die Stimmung wiedergeben.

27 *Um deine Wahl in der Redaktionsgruppe durchzusetzen, musst du deine Entscheidung ausführlich begründen. Dabei sollst du sowohl auf die Kurzgeschichte als auch auf das Bild eingehen.*
a) Notiere erste Überlegungen zu der Geschichte und dem Bild:
Gehe zunächst auf die Besonderheiten der Geschichte ein.

40 P.

Thema der Geschichte: _____

_____

Figuren: _____

_____

Handlung: _____

_____

_____

Stimmung: _____

_____

Notiere Angaben zu dem Bild, für das du dich entschieden hast.

Bild Nr.: _____

Das ist auf dem Bild zu sehen: _____

_____

Figuren (Eigenschaften): _____

_____

Beziehung der Figuren zueinander: _____

_____

Stimmung im Raum: _____

_____

b) Formuliere die Argumente für deine Entscheidung aus und sortiere sie nach ihrer Wichtigkeit.

_____

_____

_____

_____

c) Schreibe nun deine Begründung (in einem Umfang von mindestens einer Seite) in dein Heft.
Überarbeite deinen Text abschließend und korrigiere Fehler.

Autoren- und Quellenverzeichnis

S. 7: Herbststürme: Chemie-Tanker gesunken. www.tagesschau.de, 30. 10. 2000; **S. 11:** Schildkröte erleidet Rauchvergiftung. In: Bonner General-Anzeiger, 14. 10. 2005; **S. 12 f.:** EICHENDORFF, JOSEPH VON: Aus dem Leben eines Taugenichts. Nachwort von Konrad Nussbacher. Reclam, Stuttgart 1970, S. 18–19; **S. 13:** KOEPPEN, WOLFGANG: Ankunft in Venedig. Aus: Ich bin gern in Venedig. Suhrkamp, Frankfurt/M. 1996, S. 8 f.; **S. 14:** MANN, THOMAS: Kai. Aus: Buddenbrooks. S. Fischer Verlag, Frankfurt/M. 2000, S. 516; **S. 17:** ETSCHMANN, WALTER: Joseph Mallord William Turner ... Aus: Otto Kammelohr (Hg.): Epochen der Kunst. Band IV, 2. Auflage. Oldenbourg Verlag, München 1989, S. 111; **S. 18:** Das Gemälde „Wanderer über dem Nebelmeer" von Caspar David Friedrich ... Aus: Landesinstitut für Erziehung und Unterricht Stuttgart (Hg.): Meisterwerke der Kunst. Neckar Verlag, Villingen-Schwenningen o. J.; **S. 25:** GÖTTE, NINA: Brütende Hitze. In: Süddeutsche Zeitung, 28.07.2006, S. 1; **S. 28 f.:** „Augen zu und durch" zum Weltrekord. www.sport.ard.de, 06. 08. 2006; **S. 35:** Äsop: Der Löwe und die Maus. Aus: Fabeln. Reclam, Ditzingen 2005; **S. 46:** Durchblick am Display. In: Innovate! das Magazin für Forschung und Technologie, Mai 2006 (Beilage zur Süddeutschen Zeitung); **S. 49 oben:** Abgeschreckte Eier ... In: Süddeutsche Zeitung Wissen, 2/2005, S. 13; **S. 49 unten:** Am M/montagnachmittag ... In: Süddeutsche Zeitung Wissen, 10/2006, S. 10–11; **S. 53:** Energiesparwunder. In: Süddeutsche Zeitung Wissen, 10/2006, S. 18; **S. 60:** ALLENDE, ISABEL: „Alexander Cold schreckte ..." und „Geweckt hatte ihn der Sturm ...". Aus: Die Stadt der wilden Götter. dtv, München 2005, S. 7; **S. 61 f.:** HAMANN, GÖTZ: Habe alles, bekomme mehr. In: Die Zeit Nr. 22, 19.05. 2004, S. 19 f.; **S. 67:** Kinder halten ihr Geld zusammen. In: Kölner Stadt-Anzeiger, 23.02. 2006; **S. 68 f.:** BICHSEL, PETER: Die Tochter. Aus: Eigentlich möchte Frau Blum den Milchmann kennenlernen. Suhrkamp, Frankfurt/M. 1993, S. 65 ff.; **S. 73:** KASCHNITZ, MARIE LUISE: Ein ruhiges Haus. Aus: Steht noch dahin. Insel Verlag, Frankfurt/M., 1970; **S. 74:** MAI, MANFRED: Friedrich Schiller: Wilhelm Tell. Aus: Geschichte der deutschen Literatur. Beltz & Gelberg, Weinheim und Basel 2001, S. 55 ff.; **S. 74 f.:** SCHILLER, FRIEDRICH: Wilhelm Tell. Reclam, Ditzingen 2004; **S. 79:** GOMRINGER, EUGEN: was wahr war. Aus: Das Gedicht. Zeitschrift für Lyrik, Essay und Kritik, Heft 2. Anton G. Leitner Verlag, Weßling 1994, S. 12; Ders.: worte sind schatten. Aus: Spirale. Internationale Zeitschrift für Konkrete Kunst und Gestaltung, Heft 8. spiral press, Bern 1960, S. 40; **S. 82:** BICHSEL, PETER: Das Kartenspiel. Aus: Eigentlich möchte Frau Blum den Milchmann kennenlernen. Walter Verlag, Olten und Freiburg/Breisgau 1964, S. 37 f.; **S. 85 f.:** DOSTOJEWSKIJ, FJODOR M.: Der Spieler. dtv, München 1981, S. 93 ff.; **S. 88:** Dicken, Dania: Der Online-Gamer – das unbekannte Wesen. In: rp-online, 05. 07. 2006. www.rp-online.de

Bildquellenverzeichnis

S. 3, 18, 94 (Bild 3 und 4): picture-alliance/akg-images, Frankfurt/M.; **S. 4 oben:** © AFF Basel CH/AFS Amsterdam NL; **S. 4 unten:** © Maria Austria Instituut, Amsterdam; **S. 7, 10, 29, 37, 38, 49, 57, 64** (2. Foto von links), 64 (ganz rechts), 65, 74, 88: picture-alliance/dpa, Frankfurt/M.; **S. 8, 64 ganz links:** picture-alliance/dpa/dpaweb, Frankfurt/M.; **S. 13:** corel library; **S. 15:** mit freundlicher Genehmigung von Franz Gertsch. Museum Franz Gertsch, Burgdorf-CH. www.museum-franzgertsch.ch; **S. 16, 17:** Turner, Joseph Mallord William: The Burning of the Houses of Lords and Commons, October 16, 1834. Philadelphia Museum of Art: The John Howard McFadden Collection, 1928; **S. 22:** panama fotoproduktion, Düsseldorf; **S. 33:** mit freundlicher Genehmigung von Angela Stöger-Horwath, www.mammal-communication-lab.at; **S. 39, 94 (Bild 2):** ullstein bild, Berlin; **S. 43:** ullstein – Becker & Bredel; **S. 56:** picture-alliance/Berliner-Kurier; **S. 60:** Cover von Isabel Allende: Die Stadt der wilden Götter: mit freundlicher Genehmigung der Carl Hanser Verlag GmbH & Co. KG; **S. 64:** Grafik: Globus Infografik, Hamburg; **S. 64, 2. Foto von rechts:** ullstein – Giribas; **S. 77:** www.goethezeitportal.de; **S. 89:** picture-alliance/ZB; **S. 94, Bild 1:** ullstein – Granger Collection; **S. 94, Bild 5:** mit freundlicher Genehmigung von Christian Glaus, Freienbach-CH

Impressum

Redaktion: lüra – Klemt & Mues GbR, Wuppertal

Illustrationen: Maja Bohn, Berlin (S. 69, 82, 85–86), Sabine Lochmann, Frankfurt/M. (S. 55, 60), Mone Schliephack, Niedernhausen (S. 35, 48, 53–54)
Umschlaggestaltung: Katrin Nehm (Foto: Thomas Schulz, Illustration: Nina Pagalies)
Layoutkonzept: Katharina Wolff
Layout und technische Umsetzung: werkstatt für gebrauchsgrafik, Berlin

www.cornelsen.de

Druck: Parzeller print & media GmbH & Co. KG, Fulda

Ausgabe ohne CD	**Ausgabe mit Übungs-CD**
1. Auflage, 10. Druck 2015	1. Auflage, 7. Druck 2015
ISBN 978-3-464-68064-3	ISBN 978-3-464-68100-8

Deutschbuch
Arbeitsheft
Neue Ausgabe

Seite 3

2 a) bei Google: ungefähr 1 640 000 Einträge
b) bei Google: ungefähr 70 000 Einträge

Seite 4

3 b) Text 1: Einzelperson, Anteilnahme, Leiden
Text 2: Annes Vater, Tagebuch, veröffentlichte, mit dem Titel „Das Hinterhaus"
Text 3: zwei Jahre lang versteckt, besuchen, Ort, Anne ihr Tagebuch schrieb
Text 4: „Hinterhaus", verstecken, Unterschlupf, lebte sie zusammen mit Eltern, Schwester, vier anderen Juden, acht Menschen, Hinterhaus-Versteck
Text 5: Teil des Betriebs von Otto Frank, Zugang, drehbaren Schrank getarnt

Seite 5

4 b) Chronologische Reihenfolge:
Über Anne Frank
Der historische Hintergrund
Das Versteck im Hinterhaus
Anne-Frank-Haus – Museum in Amsterdam
Anne-Frank-Stiftung
Politische Arbeit im Namen von Anne Frank

5 **Anne Frank Haus – ein Museum in Amsterdam**
Gründung
– Ort: Amsterdam
– Zeit: 3. Mai 1960
– Gründer: die Organisation „Anne-Frank-Stiftung"
– Ziele der Gründer (Stiftung): Erhaltung des Verstecks und Verbreitung der Ideale von Anne Frank

Zitat von Primo Levi:
„Eine Einzelperson wie Anne Frank erweckt mehr Anteilnahme als die Ungezählten, die wie sie gelitten haben, deren Bilder aber im Dunkeln geblieben sind. Vielleicht muss es so sein, müssten oder könnten wir die Leiden aller erleiden, könnten wir nicht leben."

Aktivitäten: Ausstellungen, Unterrichtsmaterial, internationale Projekte, Dokumentationen, Seminare

Besucherzahlen: jährlich fast eine Million Menschen
Adresse: Amsterdam, Prinsengracht 263
Öffnungszeiten: 2006/07: 15. September bis 14. März täglich 9.00 bis 19.00 Uhr, 15. März bis 14. September täglich 9.00 bis 21.00 Uhr

6 **Über Anne Frank**
– jüngere Tochter von Otto und Edith Frank
– sorglose Kinderzeit in Frankfurt bis 1933
– besucht nach Emigration der Familie eine Waldorfschule, lernt schnell Holländisch, liest gern und viel

– 13. Geburtstag: Tagebuch als Geschenk
– sie schreibt ihre Gedanken auf, beschreibt das Leben im Hinterhaus, ihre Wut, Angst, ihren Kummer, schreibt über Liebe und Ideale, außerdem auch kleine Geschichten
– muss nach Deportation ins KZ Zwangsarbeit verrichten
– wird nach dem Krieg durch ihr Tagebuch weltberühmt

Der historische Hintergrund
Zeit: 1929–1945
1929: Geburt Anne Franks in Frankfurt am Main
1933: Machtergreifung der Nationalsozialisten in Deutschland, Juden werden zunehmend diskriminiert
Sommer 1933 bis Februar 1934: Familie Frank flüchtet in die Niederlande
1939: Beginn des Zweiten Weltkriegs
1940: die deutsche Wehrmacht besetzt die Niederlande
1942: die Franks und vier andere Juden verstecken sich im Hinterhaus
1944: das Versteck wird entdeckt; Deportation in das KZ Auschwitz-Birkenau
Ende Oktober 1944: Anne und ihre Schwester Margot werden in das KZ Bergen-Belsen gebracht
März 1945: Anne und Margot sterben an Typhus
8. Mai 1945: Ende des Zweiten Weltkriegs, nur Anne Franks Vater überlebt

Das Versteck im Hinterhaus
Ort: Prinsengracht 263 im Zentrum von Amsterdam
Hinterhaus, leer stehender Teil des Betriebs von Otto Frank wurde seit 1942 stillschweigend zum Versteck umgebaut
Zugang: durch drehbaren Schrank getarnt
Größe: zwei Etagen plus Dachboden, relativ geräumig
Aufteilung: 1. Stock: zwei Zimmer (eines für Anne Franks Eltern und ihre Schwester, eines für Anne Frank und Fritz Pfeffer), Waschraum, Toilette;
2. Stock: zwei Zimmer: eines für Ehepaar van Pels (dient tagsüber als Wohn- und Esszimmer für alle), eines für dessen Sohn Peter (von dort aus gelangt man auf den Dachboden);
Dachboden: Lager für Vorräte, Rückzugsmöglichkeit für Anne und Peter
Leben im Versteck:
die Versteckten müssen sehr leise sein, Nachbarn und Angestellte der Firma dürfen nichts merken;
wenig frische Luft und Bewegungsfreiheit

Anne-Frank-Stiftung
Gründung: 3. Mai 1957
Gründer: Gruppe um Otto Frank
Ort: Amsterdam
Ziele: das Haus Prinsengracht 263 vor dem Abriss bewahren, das Gebäude erhalten, Anne Franks Ideale verbreiten, Kommunikation zwischen den Menschen fördern, die Erinnerung lebendig halten

Politische Arbeit im Namen von Anne Frank weltweit viele Organisationen:
- Anne-Frank-Trust, London –
  Arbeit mit Jugendlichen, Ziele: Förderung von Toleranz, Respekt und Verantwortungsbewusstsein;
- Anne-Frank-Center, New York –
  fördert und entwickelt pädagogische Programme (Ausstellungen, Workshops);
- Anne-Frank-Fonds, Basel –
  fördert karitative Werke, fördert die Erfüllung sozialer u. kultureller Aufgaben;
- Jugendbegegnungsstätte Anne Frank, Frankfurt –
  interaktive Ausstellung, Projekttage, Seminare;
- Anne-Frank-Zentrum, Berlin –
  Arbeit gegen Antisemitismus, Vorurteile und Diskriminierung, Erinnerung an nationalsozialistische Verbrechen, pädagogische Arbeit mit jungen Menschen

Seite 6

7 Beispiele für Vor- und Nachteile:

	Vorteil	Nachteil
A	Jeder kann die Abbildungen genau betrachten.	Die Schüler konzentrieren sich nicht auf den Vortrag, wenn sie Bilder weiterreichen müssen.
B	Alle sehen die Abbildungen gleichzeitig.	Der Wechsel von einer Abbildung zur nächsten ist umständlich und dauert lange.
C	Jeder kann die Abbildungen genau betrachten und nach dem Vortrag mit nach Hause nehmen.	Kopierkosten. Schüler blättern in den Kopien, konzentrieren sich nicht auf den Vortrag.
D	Der Wechsel von einer Abbildung zur nächsten geht einfach und schnell.	Schüler können die Abbildungen nicht mit nach Hause nehmen.
E	Der Vortrag wird anschaulich, der Wechsel von einer Abbildung zur nächsten ist unkompliziert.	Technisch aufwändig, Vorbereitung der Präsentation dauert lange.

8 A: 1; B: 4; C: 2

9
a) Der Schluss könnte den Einstieg C und den Einstieg B aufgreifen.
b) Ein Schluss, der zu A passen soll, könnte eine Leseempfehlung geben oder einen Ausflug nach Amsterdam vorschlagen.

Seite 7

1 Mögliche Schlüsselwörter:
havarierte, Chemie-Tanker „Ievoli Sun", 19 Kilometer nördlich, britischen Kanalinsel Alderney gesunken, stürmischer See leckgeschlagene, 6000 Tonnen giftiger Chemikalien, französischen Hafen geschleppt, sank, 15 Kilometer, französischen Kap La Hague, 4000 Tonnen Phenyläthylen, 1000 Tonnen Methyl-, 1000 Tonnen Isopropyl-Alkohol, frühen Morgen, Wassereinbruch, 13-köpfigen Besatzung, Helikoptern geborgen, Umwelt- und Tourismusbehörden Alarmstimmung, heftige Kritik

2 *Wer:* Kapitän, 13-köpfige Besatzung
Was: italienischer Chemie-Tanker „Ievoli Sun" gesunken
Wo: 19 Kilometer nördlich von Alderney/15 Kilometer entfernt vom französischen Kap La Hague
Wann: Montag, 30.10.2000, 9.00 Uhr
Wie: leckgeschlagen, sollte in Hafen geschleppt werden, sank, Kapitän und 13-köpfige Besatzung von Helikoptern geborgen
Warum: in stürmischer See leckgeschlagen, Wassereinbruch
Welche Folgen: heftige Kritik bei Umwelt- und Tourismusbehörden

Seite 8

3 Mögliche Schlüsselwörter:
- Havarie, Elbe, 20.00 Uhr, stieß ... zusammen, bei Brunsbüttel, Frachter, Containerschiff, kenterte, Zehn Besatzungsmitglieder ... über Bord, gerettet
- Frachter „Maritime Lady", Kollision, sieben Besatzungsmitglieder über Bord, Containerschiff, Bug schwer beschädigt, liegt ... vor Anker
- Polizei, Tankschiff „Sunny Blossom", 21.15 Uhr, Wrack der „Maritime Lady", schlug leck, drei, schweren Verletzungen, Krankenhaus
- Tankschiff, manövrierunfähig, gegen 00.10 Uhr, freigeschleppt, Elbehafen Brunsbüttel, Polizeichef von Brunsbüttel, „Maritime Lady" sank, binnen 13 Minuten, Unfallursache ... unklar
- Containerschiff, Nord-Ostsee-Kanal, Nacht zum Mittwoch, „Alkohol ... nicht im Spiel"

4 *Wer:* Frachter „Maritime Lady", Containerschiff, Tankschiff „Sunny Blossom", sieben Matrosen
Was: Zusammenstoß von Frachter und Containerschiff, sieben Besatzungsmitglieder des Frachters über Bord, aber gerettet, dann Kollision von Tankschiff mit Frachter, Tankschiff schlug leck
Wo: auf der Elbe bei Brunsbüttel
Wann: 02.01.07, 20.00 Uhr bis 03.01.07, 00.10 Uhr
Wie: Containerschiff kam aus Nord-Ostsee-Kanal, stieß auf Elbe mit Frachter „Maritime Lady" zusammen, Frachter kenterte, Tanker „Sunny Blossom" stieß auf gekenterten Frachter
Warum: Unfallursache unklar, Alkohol war nicht im Spiel
Welche Folgen: sieben Besatzungsmitglieder des Frachters gingen über Bord, drei wurden mit zum Teil schweren Verletzungen ins Krankenhaus eingeliefert, Tankschiff war einige Stunden manövrierunfähig und wurde in Hafen Brunsbüttel geschleppt, Containerschiff am Bug schwer beschädigt

Seite 9

5 a) Fehler und unnötige Informationen sind <u>unterstrichen</u>.

Massenkarambolage: <u>Zehn</u> Matrosen über Bord
<u>Gestern Nacht</u> ereignete sich auf der Elbe nahe Brunsbüttel ein Zusammenstoß, in den nach und nach drei Schiffe verwickelt waren. <u>Erst</u> die Maritime Lady, ein Frachter, <u>dann</u> ein Containerschiff und zum Schluss auch noch ein Tankschiff. Die Maritime Lady ging unter, wobei <u>zehn</u> Matrosen über Bord gingen. Das Containerschiff hatte einen schweren Schaden, es konnte nicht mehr weiterfahren und ging vor Anker. Inzwischen <u>war</u> aber das Tankschiff <u>gekommen</u> und <u>voll</u> auf das Wrack des Frachters aufgefahren. Hierbei blieben die Matrosen der Schiffe unverletzt. Aber das Tankschiff hatte ein

Leck, wobei man anfangs nicht wusste, ob ein Tank auslief. Das wird man in den nächsten Tagen sehen. Henning Harms, Polizeichef von Brunsbüttel, sagt dazu:
„Alkohol war nicht im Spiel. Sobald wir mehr wissen,
werden Sie informiert."

Jan hat folgende W-Fragen unzureichend beantwortet:
Wer? (der Name des Tankschiffes fehlt), **Was?** (Anzahl
der Matrosen falsch; der Hinweis, dass die Matrosen gerettet wurden, fehlt), **Wann?** (das Datum und die Uhr-
zeit fehlen) und **Welche Folgen?** (Jan erwähnt nicht,
dass drei Matrosen mit zum Teil schweren Verletzungen
ins Krankenhaus eingeliefert wurden und dass das
Tankschiff manövrierunfähig war und in den Hafen
geschleppt werden musste).

Beispiel für eine Überarbeitung:
Massenkarambolage: Sieben Matrosen über Bord
*Am Abend des 02. 01. 2007 ereignete sich auf der Elbe
nahe Brunsbüttel ein Zusammenstoß, in den drei Schiffe
verwickelt waren. Um 20.00 Uhr stieß der Frachter
Maritime Lady mit einem aus dem Nord-Ostsee-Kanal
kommenden Containerschiff zusammen. Der Frachter
sank, wobei sieben Besatzungsmitglieder über Bord gingen. Alle konnten gerettet werden, drei von ihnen wurden mit zum Teil schweren Verletzungen ins Krankenhaus eingeliefert. Das Containerschiff wurde am Bug
schwer beschädigt und ging vor Anker. Um 21.15 Uhr
fuhr das Tankschiff Sunny Blossom auf das Wrack der
Maritime Lady auf und schlug leck. Manövrierunfähig
wurde es nach Mitternacht in den Hafen Brunsbüttel
geschleppt. Die Unfallursache ist zurzeit noch unklar.*

b) Tempusfehler und unangemessene Formulierungen sind
unterstrichen.

Schiffsunglück auf der Elbe: Drei Verletzte
*In der Nacht vom 2. auf den 3. 1. 2007 ereignete sich
auf der Höhe des bekannten Elbehafens Brunsbüttel ein
ziemlich schweres Schiffsunglück. Ein Containerschiff
hat den Nord-Ostsee-Kanal verlassen und ist unglückseligerweise mit dem Frachter „Maritime Lady" zusammengestoßen. Der Frachter sank innerhalb von sage
und schreibe 13 Minuten. Sieben Besatzungsmitglieder
gingen über Bord, konnten aber dann doch noch von
der tapferen Seenotrettung aus dem Wasser gefischt
werden. Drei mussten in ein Krankenhaus gebracht
werden. Das Containerschiff war sehr schwer beschädigt und ging vor Ort noch vor Anker. Dann ist aber unversehens mitten in der Nacht noch ein Tanker die Elbe
entlanggefahren. Es kommt jetzt, wie es kommen muss,
er rammt das Wrack der „Maritime Lady". Unglaublich!
Der Tanker ist dann erst einmal manövrierunfähig gewesen und er wurde in den Elbehafen abgeschleppt.*

Beispiel für eine Überarbeitung:
Schiffsunglück auf der Elbe: Drei Verletzte
*Am Abend des 2. 1. 2007 ereignete sich in Höhe des
Hafens Brunsbüttel ein schweres Schiffsunglück auf der
Elbe. Ein Containerschiff verließ den Nord-Ostsee-Kanal und stieß mit dem Frachter „Maritime Lady" zusammen. Der Frachter sank innerhalb von 13 Minuten. Sieben Besatzungsmitglieder gingen über Bord, konnten
aber aus dem Wasser gerettet werden. Drei mussten in
ein Krankenhaus gebracht werden. Das Containerschiff
wurde schwer beschädigt und ging vor Anker. Kurz darauf rammte der Tanker „Sunny Blossom" das Wrack
der „Maritime Lady" und musste manövrierunfähig in
den Hafen geschleppt werden.*

6️⃣ Ein sachlicherBericht soll:
☐ die W-Fragen beantworten,
☐ alle wichtigen Informationen in der zeitlich richtigen
Reihenfolge wiedergeben,
☐ im Präteritum (bei Vorzeitigkeit Plusquamperfekt)
verfasst sein,
☐ keine Vermutungen, Wertungen und persönlichen Mei-
nungen enthalten,
☐ in neutraler, sachlicher Sprache verfasst sein.

Seite 10

8️⃣ Du kannst dich an den verbesserten Berichten von Jan und
Soraya orientieren.

Beispiel:
*Vom 2. bis 6. 1. 2007 haben wir ein Praktikum in der Re-
daktion der „Marschland-Nachrichten" gemacht. Wir, das
sind Jan Schneider und Soraya Turik, beide besuchen die
Klasse 8 des Neustädter Gymnasiums. Wir haben den Re-
dakteuren bei der Arbeit über die Schulter schauen dürfen.
Unsere erste Aufgabe war sehr spannend: Wir verarbei-
teten die Agenturmeldungen über das Schiffsunglück auf
der Elbe (2. 1. 07) zu einem kurzen Bericht. Am 4. 1. 2007
haben wir gemeinsam mit Frauke Hermanns einen Lottomillionär interviewt. Dieser Mann war überaus glücklich
und hatte viele Pläne. Richtig süß wurde es dann am
5. 1. 2007 – wir berichteten über die neu angekommenen
Erdenbürger das Jahres 2007. Absolute Krönung unseres
Praktikums war der Redaktionshund „Tilly". Tilly hat elf
niedliche, noch ganz winzige Welpen geworfen. Wir würden so gern einen oder sogar zwei davon mitnehmen! Als
Erinnerung an ein tolles Praktikum.*

Seite 11 – Teste dich!

1️⃣ a) Der Bericht ist im Präsens verfasst. 1
   b) Berichte stehen im Präteritum. 1

2️⃣ *Die restlichen Hausbewohner hat die Polizei in* 1
Sicherheit gebracht. (Z. 14)

3️⃣ *aber das war dann doch zu viel (1 Punkt), Erst* 3
*recht, als das Stroh Feuer fängt (1 Punkt), Dann das
Happy End (1 Punkt)*

4️⃣ *Wer? – Landschildkröte, zehn Löschfahrzeuge der* 1
*Feuerwehr, zweier Rettungswagen, Polizei
Was? – brennendem Terrarium, Hausbewohner in* 1
*Sicherheit gebracht, Feuer gelöscht, Schildkröte mit
Rauchvergiftung davongekommen
Wann? – gestern am frühen Nachmittag* 1
Wo? – zweiten Stockwerk an der Frankfurter Straße 52 1
Warum? – Infrarot-Wärmelampe ins Terrarium fällt, 1
Stroh Feuer fängt

5️⃣ *Gestern Nachmittag (1 Punkt) rückten zehn* 8
*Löschfahrzeuge der Feuerwehr und zwei Rettungswagen
(2 Punkte) in der Frankfurter Straße in Siegburg (1 Punkt)
an. Das Terrarium einer Landschildkröte war in Brand
geraten (1 Punkt). Die Hausbewohner wurden in
Sicherheit gebracht, das Feuer wurde gelöscht (2 Punkte).
Die Schildkröte erlitt eine Rauchvergiftung (1 Punkt).*

Seite 12

1 a) + b) *Personifikationen = unterstrichen*
Vergleiche = gestrichelt

Kein Mensch kümmerte sich darum: Sooft ich des Morgens frühzeitig nachsah, lagen die Blumen noch immer da wie gestern und sahen mich mit ihren verwelkten, niederhängenden Köpfchen und daraufstehenden Tautropfen ordentlich betrübt an, als ob sie weinten. – Das verdross mich sehr. Ich band gar keinen Strauß mehr. In meinem Garten mochte nun das Unkraut treiben, wie es wollte, und die Blumen ließ ich ruhig stehn und wachsen, bis der Wind die Blätter verwehte. War mir's doch ebenso wild und bunt und verstört im Herzen.

c) **Verben:** *kümmerte, verdross, treiben, verwehte*
Adjektive/Partizipien: *verwelkten, niederhängenden, betrübt, wild, bunt, verstört*

2 a) *Der Leser oder die Leserin kann die enttäuschte Liebe des Ich-Erzählers nachvollziehen. Dies kommt besonders in den Zeilen 9 und 10 zum Ausdruck.*

b) *treffende Wörter: gekränkt, liebeskrank, deprimiert, verärgert, enttäuscht, trotzig, unglücklich, verwirrt*

Seite 13

3 a) *Stille, Rauschen der Donau, Gesang der Vögel*
b) *wolkenlosen Himmel, einzelne Sterne, Felder, hohe Bäume, herrschaftlichen Garten*

4 *Die Schilderung Venedigs ist mit vielen Aufzählungen ausgestaltet.*

Seite 14

1 **Adjektive:** *ärmlichen, unbestimmter, großen, kurzen, hellgrauer, schmal, außerordentlich, fein, langen, langen, spitz, reinlich, flüchtig, rötlich gelbe, alabasterweißen, tief, scharf, hellblaue, zarten, schmalem, leicht, charakteristischem*
als Adjektiv gebrauchte Partizipien: *zulaufenden, vernachlässigt, ungekämmt, gescheitelte, gebogenem, geschürzter*

2 *Beispiel für eine Umgestaltung:*
*Kai war mit einem **eleganten** Anzug von **exquisiter** Farbe bekleidet, an dem hie und da ein **Perlmuttknopf glänzte** und der am **Kragen** einen **glänzenden Stoff** zeigte. Seine Hände, die aus den **spitzenbesetzten** Ärmeln hervorsahen, erschienen imprägniert mit **Puder** und **Glitter** und von **schimmernder goldener** Farbe, [aber] sie waren schmal und außerordentlich fein gebildet, mit langen Fingern und langen, spitz zulaufenden Nägeln. Und diesen Händen entsprach der Kopf, welcher **gepflegt, gekämmt** und **sauber** war.*

Seite 15

3 a) **Gesicht:** *Form herzförmig, hohe, breite Stirn, spitzes Kinn, ausgeprägte Wangen, blass, teilweise rötlich geschminkt*
Augen: *mandelförmig, groß, grünbraun, stark geschminkt, geschwungene, gezupfte, nachgezogene Augenbrauen, trauriger Ausdruck*

Mund: *volle, geschwungene Lippen, rot geschminkt, etwas heruntergezogene Mundwinkel, schmollender Ausdruck*
Nase: *gerade, groß, blass*
Frisur: *schulterlanges, gelocktes Haar, aus der Stirn gestrichen, rötlich-blond gefärbt, toupiert*
Besondere Merkmale: *lange Narbe am Hals*
Figur und Körperhaltung: *schlank, hochgezogene Schulter, etwas angestrengte Haltung*
Kleidung und Schmuck: *blaues kurzärmeliges Hemd, lässig, silberne sternförmige Brosche, silberner Ohrring in Form eines Schwerts*
Gesamteindruck: *extravagante, auffällige Person, scheint viel erlebt zu haben*

b) *Beispiel für eine Verbesserung:*
Die schwarzen Pupillen in ihren großen grünbraunen Augen glänzen. Starke schwarze Schminke umrandet ihre mandelförmigen Augen, wobei der untere Lidstrich weit nach außen zur Schläfe hin reicht. Die stark getuschten Wimpern unterstreichen die ausdrucksstarke, traurige Wirkung des etwas entrückten Blicks.

Seite 16

2 *Du kannst deine Lösung abgleichen mit den für Aufgabe 3c aufgelisteten Bildinhalten.*

Seite 17

3 a) *Linien*
b) *Pfeil*

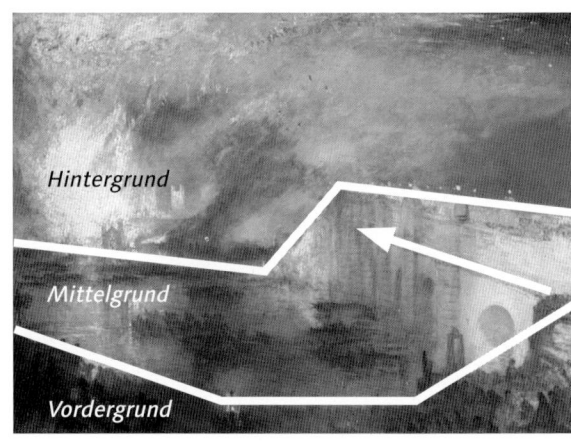

c) **Hintergrund:** *größte Fläche; Bildmotive: brennendes Gebäude, gewaltige Feuersbrunst, Rauchwolken, Himmel; Formen: geschwungen, links vertikal nach oben strebend, nach rechts hin diagonal verwehend; Farben: leuchtendes Orange, Rot, Violett, Graublau*
Mittelgrund: *Bildmotive: Themse, Brücke, Boote mit Schaulustigen; Formen: rechts: starke, in den Raum führende Diagonale, links: glatte, horizontale Fläche; Farben: gelbliches Weiß, orange-blaue Spiegelung der Himmelsfarben, bräunlich*
Vordergrund: *schmaler Streifen; Bildmotive: Menschenmenge; Formen: sichelartig gebogene Form; Farben: Dunkelbraun, rechts: hellere Ockertöne*

d) *ruhig, oval, vertikal, wild, Streifen, diagonal, rund, gewellt, Bogen, gezackt, Wirbel*

4 (1775–1851); Romantik; Vorläufer der impressionistischen Maler; Erscheinungen des Lichtes; Atmosphäre; genauere Wiedergabe verzichtet; lebhaften, dunstig verschwimmenden Farben;
16. Oktober 1834; eilte er, um den Brand zu sehen; noch in der gleichen Nacht Skizzen; zwei Gemälde; reale Ereignis; ist als „Impression" gemalt; grausige Pracht einer „kosmischen Katastrophe".

5 Orientiere dich für deine Bildbeschreibung eng an Aufgabe 3c. Gehe vom Vordergrund über den Mittelgrund zum Hintergrund.

Seite 18 – Teste dich!

1 Für eine Bildbeschreibung geeignete Sätze sind:

Z. 1–8: Das Gemälde „Wanderer über dem Nebelmeer" … die im Nebel versunken ist.
Z. 16–21: Der Wanderer steht aufrecht … wird an seinem Hals sichtbar.
Z. 30–40: Während der Vordergrund … bläulichweiße Tönung annehmen.
Z. 49–57: Der Bildaufbau folgt einer strengen Ordnung. … Aspekte des Bildes fügen sich so zu einer Einheit zusammen.   15

Seite 19

2 Beispiele:
Immer wieder liest man in der Zeitung, dass Schülerinnen oder Schüler auf dem Nachhauseweg „abgezogen" werden. Das heißt, dass jugendliche Straftäter sie zwingen, Markenkleidung und Handys abzugeben.

Ein aktuelles Projekt in unserer Schule hat überraschend positive Ergebnisse gezeigt. Wir haben drei Monate lang alle ausschließlich Jeans und helle T-Shirts oder Sweatshirts getragen.

Seite 20

3 Mögliche Gewichtung:
1. Schulkleidung fördert das soziale Klima.
2. Ein gutes soziales Klima hilft, besser zu lernen.
3. Das Erscheinungsbild der Schule wirkt insgesamt harmonischer.
4. Schulkleidung ist preiswerter in der Anschaffung als Markenkleidung.

4 1 Mara S. (Kl. 10) berichtet: „Meine Klasse findet, dass wir wie eine große Familie sind, wenn alle das Gleiche tragen. Da kommt man viel lieber in die Schule und fühlt sich wohl."
4 Größere Bestellmengen senken den Abnahmepreis.
2 Eine Studie des Psychologie-Professors Oliver Dickhäuser bestätigt dies: „In den Klassen, in denen die Schüler bereits seit zwei oder drei Jahren die Schulkleidung tragen, herrscht eine höhere Aufmerksamkeit."
3 Ein Blick in englische Schulen zeigt, dass die Schulkleidung farblich gut passend aufeinander abgestimmt ist.
1 Man konnte in der Zeitung letzte Woche über eine Berliner Schule lesen, wie aggressiv Mitschüler ohne Markenkleidung gemobbt wurden.
1 Teure Markenkleidung reizt zu Diebstahldelikten, Schulkleidung dagegen nicht.

6 Beispiel für ein Gegenargument: Man könnte einwenden, Schulkleidung zwinge zur Gleichförmigkeit, aber wenn alle die gleiche Kleidung tragen, kommen die unterschiedlichen Persönlichkeiten umso besser zur Geltung.

Seite 21

7 a) Reihenfolge der Konjunktionen und Adverbien:
um … zu testen, da (auch möglich: weil), damit, dadurch (auch möglich: deshalb, daher), daher (auch möglich: deshalb, dadurch), weil
b) Gliederungssignale: Daraus schließen wir, Zudem, Unsere Schlussfolgerung, Zusammenfassend

8 Beispiel:
Die Argumente belegen, dass Schulkleidung sich insgesamt positiv auf die soziale Atmosphäre in einer Schule auswirkt. Das Zusammengehörigkeitsgefühl der Schülerschaft wächst. Nicht zuletzt wird der Heimweg sicherer, weil niemand fürchten muss, wegen seiner Kleidung angegriffen zu werden. Es spricht also alles für eine Einführung von Schulkleidung.

Seite 22 – Teste dich!

1 a) – c) Der Text enthält 4 Argumente.
Argumente = unterstrichen
Beispiele und Belege = gestrichelt
Gliederungssignale = unterlegt

Hausaufgaben müssen abgeschafft werden!
In vielen Familien streitet man sich über Hausaufgaben, denn Kinder haben meist keine Lust, sie zu erledigen. Das ist nachvollziehbar, denn oft haben die Schüler zu viel auf. Dies zeigt ein Blick auf die meisten Kinderschreibtische der Nation. Die Lehrer stimmen sich zu selten bei der Vergabe von Hausaufgaben ab, sodass es mehr werden, als die Richtlinien es altersgerecht vorsehen. Außerdem stellen Hausaufgaben gar keine eigene, kreative Leistung dar. Im Zeitalter des Internets kann man die Ergebnisse problemlos aus dem Internet herunterladen. Vielfach werden sie auch einfach vor der nächsten Unterrichtsstunde beim Tischnachbarn abgeschrieben. Das ist an jedem Schulvormittag mühelos zu beobachten. Ergänzend wäre anzumerken, dass die Schülerinnen und Schüler nachmittags Zeit benötigen, um sich zu erholen und innerlich auf den nächsten Schultag vorzubereiten. Dabei ist ein wenig anspruchsvoller Fernsehnachmittag viel hilfreicher als Hausaufgaben. Man könnte etwas provozierend schlussfolgern, dass die Schülerinnen und Schüler bei der nächsten Klassenarbeit schon selbst merken werden, ob sie den Stoff verstanden haben.

a) Für jedes richtig unterstrichene Argument gibt es einen Punkt.   4
Für das richtige Kreuz gibt es einen Punkt.   1
b) Für jedes richtig markierte Beispiel gibt es einen.   7
Punkt
c) Für jedes umkreiste Gliederungssignal gibt es einen   3
Punkt.

2 a) falsch gewählte Verknüpfungen: obgleich,   3
demzufolge, sodass
b) statt „obgleich": somit (auch möglich: daher,   3
dadurch)
statt „demzufolge": weil (auch möglich: da)
statt „sodass": weil (auch möglich: da)

Seite 23

1 enthält: Präsens; werden ... aufgestellt: Präsens; erwähnt zu werden: Präsens; gab: Präteritum; hatte ... gehabt: Plusquamperfekt; hatte ... gesucht: Plusquamperfekt; [hatte ...] betrieben: Plusquamperfekt; behaupten: Präsens; wurde entwickelt: Präteritum; klären kann: Präsens; schrieben: Präteritum; veröffentlicht haben: Perfekt; wird ... geben: Futur; hält: Präsens; ist ... gestohlen worden: Perfekt

2 a) verbesserte, stopfte, festhielt, sammelte, nahmen ... teil, bedeckte
b) Alle angegebenen Rekorde sind wahr.

Seite 24

1 schriebest, könntest, ließet, wäre, flögen, hätten, hätte, wüsste, sollte, führe, gäbe, liefe, wäre, schlüge, verböte, Könntet, wärt, hätte, nähme, müsstest

Seite 26

1 a) – c) Textstellen in indirekter Rede = unterstrichen
einleitende Hauptsätze = gestrichelt
Personalformen der Verben = unterlegt

Z. 13: [...] Die sommerliche Hitzewelle habe aber auch ihr Schönes, betont der Ökologe. [...]
Z. 17: Die regenreichen Monate April und Mai hätten Vorarbeit geleistet, weil die Raupen viel zu fressen gefunden hätten. [...]
Z. 24: Deswegen gebe es aber auch Insekten, die unter der großen Wärme leiden, sagt Klaus Fischer, Tierökologe an der Universität Bayreuth. Weil Pflanzen vertrocknen, werde den Tierchen die Nahrungsgrundlage entzogen. Auch Wassermangel setze einigen Arten zu. Daher seien Stechmücken nur in der Nähe von Gewässern in großer Zahl anzutreffen. In trockenen Gegenden seien die Blutsauger in diesem Jahr dagegen sogar seltener als üblich. Die Insektenschar werde den Menschen vermutlich noch Monate begleiten, selbst wenn jetzt die Temperaturen sinken. So gehe es dem Borkenkäfer derzeit hervorragend.

d)

Konjunktiv I	Konjunktiv II
habe Z. 14	hätten geleistet Z. 18
gebe Z. 24	gefunden hätten Z. 19
werde entzogen Z. 27 f.	
setze Z. 28	
seien anzutreffen Z. 29 f.	**Erklärung:** Der Konjunktiv
seien Z. 31	I ist an diesen Stellen nicht
werde begleiten Z. 33 f.	vom Indikativ zu unter-
gehe Z. 35	scheiden.

2 Beispiele für Übertragungen:
Z. 8–12: **Uneingeleiteter Nebensatz:** Die Feldheuschrecken seien bisher enorm gut und unglaublich zahlreich durch den Sommer gekommen, sagt Konrad Fiedler, Ökologe an der Universität Wien. **Oder dass-Satz (Konj. I/ Indikativ):** Konrad Fiedler, Ökologe an der Universität Wien, sagt, dass die Feldheuschrecken bisher enorm gut und unglaublich zahlreich durch den Sommer gekommen seien/sind.

Selbst in den Innenstädten seien zunehmend Exemplare anzutreffen. **Oder:** Der Ökologe erklärt, dass selbst in den Innenstädten zunehmend Exemplare anzutreffen seien/ sind.
Z. 15–17: Fiedler betont, dass gerade die großen, farbenprächtigen Schmetterlinge wie der Admiral und der Distelfalter vermehrt auftauchen würden. **Oder:** Fiedler betont, dass gerade [...] vermehrt auftauchen würden/auftauchten.
Z. 36–37: Richard Mergner sagt, der Borkenkäfer könne die Bäume, die durch die Hitze geschädigt seien, leicht befallen. **Oder:** Richard Mergner sagt, dass der Borkenkäfer die Bäume, die durch die Hitze geschädigt seien/sind, leicht befallen könne/kann.

Seite 27

3 1: werde ... schlagen; 2: würden ... schwitzen, sei;
3: würden ... fürchten; 4: hätten; 5: würden ... bleiben, lägen

Seite 28

1 1. Fiedler befürchtet für die Landwirtschaft eine Plage, wie sie bereits Italien erreicht hat. (Z. 12–13)
2. Für Herbst und Frühjahr rechnet Mergner mit einer Borkenkäfer-Plage. (Z. 39–40)

2 **Indirekte Frage:** Britta Steffen wird gefragt, ob sie nach der Weltbestzeit in der Staffel damit gerechnet habe, auch im Einzel über 100 Meter Freistil Weltrekord schwimmen zu können.
Paraphrase + Zitat: Britta Steffen verneint das und beschreibt ihre Gedanken nach der Staffel so: „Augen zu und schauen, was passiert." Es fällt ihr noch immer schwer, an ihren Weltrekord zu glauben.
Paraphrase: Sie wird nach einer Erklärung für die Leistungssteigerung gefragt.
Indirekte Rede: Steffen antwortet, sie sei bei Olympia 2000 und 2004 nur in den Staffeln gestartet. Das habe ihr definitiv nicht gereicht. Danach habe sie sich voll auf das Studium konzentriert. Dort habe sie gemerkt, dass sie es noch einmal probieren wolle. Jetzt sei ihr Kopf frei.
Indirekte Rede: Der Interviewer meint, es gebe einige Parallelen zu Franziska van Almsick, die [...].
Indirekte Rede: Steffen erwidert, das Weltrekord-Rennen von Franzi [...] habe sie wie wohl alle wirklich bewegt. Aber sie habe damals nicht gedacht, dass sie so etwas selbst schaffen könne.
Paraphrase: Der Interviewer fragt nach Britta Steffens weiteren Zielen.
Paraphrase + Zitat: Steffen verweist auf die olympischen Spiele 2008 in Peking, wo sie „ganz vorn mitmischen" wolle.

Seite 29

3 Am 2. 8. 2006 schwamm Britta Steffen bei der EM in Budapest den Weltrekord über 100 Meter Freistil in 53,30 Sekunden. Sie reagierte überrascht. Ihr nächstes Ziel ist Olympia 2008 in Peking.

4 Zitat
Paraphrase

Seite 30

1 *Modalverben sind unterstrichen.*
möchten ... aufstellen, wollen ... sein, müssen ...
eingehalten werden, dürfen ... steigern, sollen ...
eingehalten werden, darf ... gefoult werden

2 *verzichten wollen (Bereitschaft), sollen ... eingerichtet*
werden (Regelung), kontrollieren können/dürfen
(Möglichkeit), nachgewiesen werden kann (Fähigkeit),
kann ... aberkannt werden (Möglichkeit), möchten
erreichen (Wunsch), Chancen haben sollen (Regelung),
nicht ... ruinieren sollen (Auflage), müssen sich ... beugen
(Gebot), loswerden möchten (Wunsch), sollen ... nicht ...
sagen (Regelung)

Seite 31 – Teste dich!

1 a) *Die 1. und 3. Aussage sind richtig.* 2
b) *Beim **Konjunktiv I** hängt man die Konjunktiv-* 2
Endung an den Verbstamm im Infinitiv.
*Für den **Konjunktiv II** wird der Umlaut vom Stamm-*
vokal gebildet.

2 a) *Aussage 2 ist falsch.* 1
b) *Satz 1: Aussage 3, Satz 2: Aussage 4,* 4
Satz 3: Aussage 1, Satz 4: Aussage 1

3 a) *müssen, kann, will* 3
b) *Die Sportministerin forderte, sie **müssten** alles* 2
tun, damit niemand mehr unlautere Siege erringen
könne.
*Der Sprinter erklärte, er **wolle** seinen Erfolg bei* 1
der nächsten Weltmeisterschaft fortsetzen.
c) *Paraphrase* 1

Seite 32

1 *Beispiele:*
Alain Jourdren hält den Rekord im Strandschneckenspu-
cken seit vielen Jahren.
Seit vielen Jahren hält Alain Jourdren den Rekord im
Strandschneckenspucken.
Im Strandschneckenspucken hält seit vielen Jahren Alain
Jourdren den Rekord.

2 *Netzwerk Satzglieder*

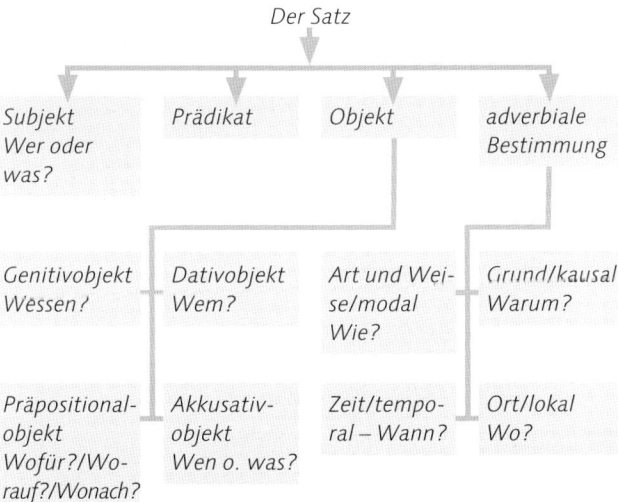

Der Satz

Subjekt Wer oder was?	Prädikat	Objekt	adverbiale Bestimmung
Genitivobjekt Wessen?	Dativobjekt Wem?	Art und Weise/modal Wie?	Grund/kausal Warum?
Präpositional-objekt Wofür?/Wo-rauf?/Wonach?	Akkusativ-objekt Wen o. was?	Zeit/tempo-ral – Wann?	Ort/lokal Wo?

Seite 33

1 *Das Subjekt und das Prädikat.*

2 *Subjekt = gestrichelt / Prädikat = unterstrichen*
*Präpositionalobjekt = gepunktet / Akkusativobjekt = **fett***

Stöger-Horwath arbeitet an einem weltweit einzigartigen
Projekt.
*Stöger-Horwath erforscht **die Sprache der Elefanten in***
Gefangenschaft.
*Stöger-Horwath benutzt **Spezialmikrofone und Digitalre-***
korder.

3 a) *Prädikat = unterstrichen / Subjekt = gestrichelt*
b) *Akkusativobjekt = **fett** / Dativobjekt = gepunktet*
c) *Ergänzt*

*Die (Nom.) Elefanten benutzen zur Lauterzeugung **den***
*(Akk.) **Kehlkopf, die** (Akk.) **Stimmbänder und den** (Akk.)*
Rüssel.
Tausende von Tönen, Trompetenstößen und Grunzlauten
hat die (Nom.) Zoologin festgehalten.
Den (Dat.) afrikanischen Steppenelefanten ist die (Nom.)
Erforschung gleichgültig.

Seite 34

4 *vor etwa drei Jahren, Nach ihrem Examen, von Geburt an,*
Inzwischen

5 a) *Stöger-Horwath ist weltweit (Wo? – Ort) die einzige*
Forscherin, die eine kleine Elefantenherde über einen
längeren Zeitraum (Wie lange? – Zeit) studiert hat.
Moderne Computer und extrem empfindliche Aufzeich-
nungsgeräte haben die Studie aus sicherer Entfernung
(Woher? – Ort) ermöglicht. Hautnah (Wie? – Art und
Weise) an die Dickhäuter heranzugehen, wäre zu ge-
fährlich.
b) *Ort, Zeit, Art und Weise*

6 *Das Sprachverhalten dieser Tiere studieren. – Genitiv-*
attribut
Die Elefanten aus sicherer Entfernung beobachten. –
Adjektivattribut
Den Tiergarten von Wien besuchen. – präpositionales
Attribut

Seite 35

1 *Auf seinem Streifzug durch den Wald hatte der Löwe ein*
kleines Mäuschen gefangen, das er nun genüsslich verzeh-
ren wollte. (SG) Das arme Tier bat jedoch verzweifelt (HS):
„Lass mich laufen! (HS) Für den Hunger eines so großen
Tieres, wie du eines bist, da bin ich viel zu klein. (SG)
Außerdem kann ich dir vielleicht auch einmal helfen, wenn
du in Gefahr bist!" (SG) Darüber musste der mächtige
Löwe sehr lachen; aber er ließ die kleine Maus dennoch
laufen, weil sie ihm in gewisser Weise leidtat. (SG) Einige
Wochen später verfing sich der Löwe in einem gewaltigen
Netz und er konnte sich nicht mehr befreien. (SR) Den
nahen Tod vor Augen schrie er mit mächtiger Stimme. (HS)
Das hörte die Maus aus der Ferne. (HS) Schnell rannte sie
zu ihm und sie nagte mit ihren scharfen Zähnen das Netz
entzwei. (SR) So kam es, dass der König der Tiere einer
Maus sein Leben verdankte. (SG)

2 Konjunktion = <u>unterstrichen</u>

SG: Außerdem kann ich dir vielleicht auch einmal
———————————— HS ————————————

helfen, <u>wenn</u> du in Gefahr bist.
        └————— NS ————

SG: Schnell rannte sie zu ihm <u>und</u> sie nagte mit ihren
———————— HS 1 ———————— ——— HS 2 ———

scharfen Zähnen das Netz entzwei.
———————— HS 2 ————————

3 Beispiel:
Auf seinem Streifzug durch den Wald hatte der Löwe ein
kleines Mäuschen gefangen, er wollte es nun genüsslich
verzehren. Das arme Tier bat jedoch verzweifelt: „Lass
mich laufen! Du bist ein großes Tier und du hast großen
Hunger, und ich bin viel zu klein. Vielleicht gerätst du ja
auch einmal in Gefahr, und ich kann dir helfen." Der mächtige Löwe musste sehr lachen. Aber die kleine Maus tat
ihm irgendwie leid und er ließ sie schließlich laufen. Einige
Wochen später verfing sich der Löwe so ungeschickt in
einem gewaltigen Netz, dass er sich nicht mehr befreien
konnte. Den nahen Tod vor Augen schrie er mit mächtiger
Stimme. Das hörte die Maus aus der Ferne. Nachdem sie
zu ihm gerannt war, nagte sie mit ihren scharfen Zähnen
das Netz entzwei. Der König der Tiere lachte nie wieder
über die kleine Maus, denn er verdankte ihr sein Leben.

Seite 36

1 a) – c) Weil immer bessere Fernrohre und Beobachtungs-
———————————— GS ————————————

und Zeichenverfahren entwickelt wurden, entstanden
———————— GS ———————— ┌— HS —

im Laufe der Zeit detaillierte Mondkarten.
———————— HS ————————

Im Laufe der Zeit entstanden, weil immer bessere
——— HS 1. Teil ———┐ └— GS ———

Fernrohre und Beobachtungs- und Zeichenverfahren
———————————— GS ————————————

entwickelt wurden, detaillierte Mondkarten.
——— GS ———┌— HS 2. Teil ———

Im Laufe der Zeit entstanden detaillierte Mond-
———————— HS ————————

karten, weil immer bessere Fernrohre und Beobach-
– HS ┐└——————— GS ———————

tungs- und Zeichenverfahren entwickelt wurden.
———————— GS ————————

Das Bild vom Mond wurde grundlegend vertieft, als die
———————— HS ———————— └— GS –

erste Raumsonde ihn erkundete.
———————— GS ————————

Als die erste Raumsonde ihn erkundete, wurde das Bild
———————— GS ————————┌— HS —

vom Mond grundlegend vertieft.
———————— HS ————————

Das Bild vom Mond wurde, als die erste Raumsonde ihn
——— HS 1. Teil ———└————— GS —————

erkundete, grundlegend vertieft.
— GS —┌— HS 2. Teil ——

Seite 37

2 a) Konjunktionen: Weil, nachdem, Sofern, Falls, Weil, Da

b) A Warum schwankt die Entfernung? Kausalsatz
   B Wann kommt eine Mondfinsternis zu Stande?
      Temporalsatz
   C Unter welcher Bedingung sprechen wir von einer
      totalen Mondfinsternis? Konditionalsatz
   D Wann spricht man von einer partiellen Mondfinster-
      nis? Konditionalsatz
   E Warum steht der Mond oft direkt in der Verbindungs-
      linie von der Sonne zur Erde? Kausalsatz
   F Warum läuft der Erdtrabant manchmal lediglich
      durch den Halbschatten? Kausalsatz

Seite 38

3 A Trotz welchen Gegengrundes betrachten wir von der
     Erde aus den Mond unter verschiedenen Blickwinkeln?
     Obwohl stets die Hälfte des Mondes von der Sonne
     beleuchtet wird.
   B Mit welcher Wirkung steht der Mond manchmal genau
     gegenüber der Sonne? Sodass wir einen Vollmond
     beobachten können.
   C Wozu muss man etwa 29,5 Tage Geduld haben? Damit
     man wieder einen Vollmond sehen kann.
   D Trotz welchen Gegengrundes schlafen die meisten
     Menschen gut? Wenn man dem Vollmond auch einen
     störenden Einfluss auf die Nachtruhe nachsagt.

4 A Im Wasser der Ozeane bilden sich Gezeitenwellen
     heraus, weil der Mond eine Anziehungskraft ausübt.
     Kausalsatz
   B Die Wellenberge liegen annähernd auf einer Geraden
     zum Mond, während sich die Erde unter ihnen hinweg-
     dreht. Temporalsatz
   C Dies beeinflusst die offenen Meere, sodass an den Küs-
     ten im Abstand von etwa sechs Stunden ein hoher und
     niedriger Wasserstand zu beobachten ist. Konsekutiv-
     satz

Seite 39

1 a) – c) Er war sich selbst sicher, <u>dass er zum Dichter ge-
boren war.</u> Mancher fragt sich, <u>warum man noch
Werke von einem 200 Jahre alten Dichter lesen sollte.</u>
Die Germanistinnen Christiana Engelmann und Claudia
Kaiser sind davon überzeugt, <u>dass Schillers Bühnen-
stücke und Balladen, seine Erzählungen und histori-
schen Schriften bis zum heutigen Tag nichts an Kraft
verloren haben.</u> Sie wünschen sich, <u>dass sich viele junge
Leserinnen und Leser für ihr Lesebuch „Möglichst
Schiller" interessieren.</u>

2 *Wen oder was zeigen Christiana Engelmann und Claudia Kaiser? Wie zeitlos Schillers Themen sind. Objektsatz*
Wer oder was ist hier an der richtigen Adresse? Wer etwas über den lebensfrohen, energiegeladenen Dichter erfahren möchte. Subjektsatz
Wen oder was erfährt der Leser? Dass Schillers Ideen auch heute interessant sind. Objektsatz

Seite 40

3 *Für heutige Erziehungsvorstellungen völlig unverständlich ist, warum die Jugendlichen ihre Familien nie besuchen durften. indirekter Fragesatz*
Es hieß, dass jeder Schüler dem Herzog gehöre. dass-Satz
Man fragt sich, wie Schiller mit diesen strengen Regeln zurechtkam: Er schrieb darüber. indirekter Fragesatz
Dass heimliches Schreiben hart bestraft werden würde, war klar. dass-Satz
Ständig musste er Angst haben, entdeckt zu werden. Infinitivsatz
Schiller zog es deshalb vor, nachts unter der Bettdecke bei Kerzenschein zu schreiben. Infinitivsatz
Mehrfach galt es, den abendlichen oder gar nächtlichen Kontrollen des Herzogs zu entkommen. Infinitivsatz
Es ist überliefert, dass er manchmal erwischt wurde und Stockhiebe oder Arrest erhielt. dass-Satz

4 *Der Traum vieler Jugendlicher damals war es, ein berühmter Dichter zu werden. (Komma trennt Hauptsatz und Infinitivsatz.)*
Dass man mit Schriftstellerei auch ohne Adelstitel oder Geld Bedeutung erlangen könnte, glaubten einige von ihnen. (Komma trennt dass-Satz und Hauptsatz.)
Deshalb muss man sich nicht wundern, warum sich die hellsten Köpfe zum Lesen und Diskutieren verbotener Bücher trafen. (Komma trennt Hauptsatz und indirekten Fragesatz.)

Seite 41

1 *a) + b) Bezugswort, Relativpronomen*
A Karl Moor ist ein gebildeter und reicher junger Mann, der aber auf Grund familiärer Streitigkeiten aus der Bahn geworfen wird.
B Für Karl sind seine Zeitgenossen Nichtskönner, Nieten, Loser, die Heldentaten nur noch aus der Literatur kennen.
C Karl schließt sich einer Räuberbande an, die alle Gesetze bricht.
D Viele Leser, die in ihm einen neuen Robin Hood sehen, lieben diesen „wilden" Karl.

2 *Das Theaterstück, das (Relativpronomen, ersetzbar durch „welches")*
… , dass (Konjunktion) sich in einigen Gebieten Deutschlands …

Seite 42

1 *a) + b) A Von den Kritikern stark als tauglich bezweifelt (,) setzte der Bundestrainer sein Trainingskonzept erfolgreich durch.*
B So ⊙ von Millionen Fans unterstützt ⊙ spielte die Mannschaft hervorragend.
C Von der Fußballweltmeisterschaft berauscht (,) schauten Sportbegeisterte anschließend noch die Tour de France.

D Von den Deutschen als „Weltmeister der Herzen" bezeichnet (,) wurde die Mannschaft trotz ihres Scheiterns im Halbfinale gefeiert.
E Die Spieler gingen nach der WM in Urlaub ⊙ von einer Welle der Euphorie getragen.

c) B So, von Millionen Fans unterstützt, spielte die
·HS⌐────── GS ──────⌐── HS ──
Mannschaft hervorragend.
────── HS ──────

E Die Spieler gingen nach der WM in Urlaub, von einer
────── HS ──────⌐── GS ──
Welle der Euphorie getragen.
────── GS ──────

Seite 43

1 *Es gelang den Fernreisenden, mit einfachen Mitteln die Riesenpflanze im Gepäck zu verstauen.*
Es gelang den Fernreisenden mit einfachen Mitteln, die Riesenpflanze im Gepäck zu verstauen.

2 *Als Neophyten bezeichnet man Pflanzen, die sich erst seit der letzten Völkerwanderung (3. bis 5. Jahrhundert) oder später in unseren Breiten angesiedelt haben, statt in ihren Ursprungsländern zu verbleiben. Viele Reisende lieben es, exotische Pflanzen zu importieren. Experten raten, grundsätzlich (, Komma auch hier möglich, könnte dann aber entfallen) umzudenken. Zum Beispiel ist es schwer, der Herkulesstaude beizukommen. Bis zu vier Meter hoch wird die Staude, mit ihren weißen Blüten (, Komma auch hier möglich) durchaus schön anzusehen. Es wird empfohlen, bei schönem Wetter jegliche Berührung zu vermeiden. Bei Sonne, warnen Wissenschaftler, sei mit verbrennungsähnlichen Erscheinungen wie Blasenbildung und Schwellungen zu rechnen. Wenn die giftige Pflanze in voller Blütenpracht steht, kann es nur noch darum gehen, die Ausbreitung zu verhindern.*

3 *Infinitivsatz eingeleitet durch: anstatt, Um, statt, ohne*

Seite 44 und 45 – Teste dich!

1 *a) A Wer oder was?* 3
B zweiter
C näheren Umständen
b) Subjekt = unterstrichen/Prädikat = gestrichelt/ 4
*Akkusativobjekt = **fett**/Präpositionalobjekt = gepunktet/adv. Best. der Art und Weise = gewellt*
*D **Ein Drittel seines Lebens** verschläft der Mensch.*
E Ohne Probleme käme er mit weniger Schlaf aus.
c) + d) F Ohne das Geräusch eines Staubsaugers oder 4
Haartrockners (Genitivattribut, gebildet aus Nomen) würde der britische (Adjektivattribut, gebildet aus Adjektiv) Fußballprofi Wayne Rooney nicht einschlafen.
G Ein leises (Adjektivattribut, gebildet aus Adjektiv), 6
wiederkehrendes (Adjektivattribut, gebildet aus Partizip) Geräusch erleichtert vielen (Adjektivattribut, gebildet aus unbestimmtem Zahlwort) Menschen das Einschlafen.

2 *a) H: HS; I: SR; J: SG; K: SR+SG* 4
b) Komma 1: trennt die zwei Hauptsätze voneinander 2
Komma 2: trennt den Hauptsatz vom Inhaltssatz

9

3 Wenn es im Sommer sehr heiß ist, haben die meisten Menschen Schlafprobleme. `9`
Begründung: Das Komma trennt den vorangestellten Nebensatz (Adverbialsatz = Konditionalsatz) vom Hauptsatz.
Stufenmodell:
Wenn es ... heiß ist, haben ... Schlafprobleme.
———— NS ————┌———— HS ————

Manche Leute legen sich im Sommer zum Schlafen auf die Terrasse oder den Balkon, damit sie sich besser abkühlen können.
Begründung: Das Komma trennt einen nachgestellten Adverbialsatz (Finalsatz) vom Hauptsatz.
Stufenmodell:
Manche Leute ... Balkon, damit ... abkühlen können.
———— HS ————┐———— NS ————

Menschen, denen man den Schlaf lange entzieht, werden krank.
Begründung: Die Kommas trennen einen eingeschobenen Relativsatz vom Hauptsatz ab.
Stufenmodell:
Menschen, denen ... entzieht, werden krank.
— HS ┐┌ NS ——┐┌— HS ——

4 Relativsatz: 1   Infinitivgruppe: 3   `8`
Inhaltssatz: 2, 5   Adverbialsatz: 4, 7
Partizipgruppe: 6, 8

Seite 46

1 _Durchblick am Display_   1, 1
„Schauen Sie!" Thomas Riedl präsentiert seine   3, 5, 2, 2
neueste Entwicklung und der Zuschauer fühlt   1, 1
sich stark an Andersens Märchen „Des Kaisers   2, 1, 6, 1
neue Kleider" erinnert, in dem zwei Betrüger   1, 1
dem Kaiser Kleidung aus einem sagenhaften   1, 1
Material verkaufen, das sich schlichtweg als   1
gar nicht vorhanden erweist. Bis Riedl den   3, 2
Strom einschaltet und das, was vorher un-   1
sichtbar war, plötzlich an einer Stelle grün zu   1
leuchten beginnt. Dem Physiker und seinen   3, 1
Kollegen vom Institut für Hochfrequenztech-   1, 1, 1
nik an der Universität Braunschweig ist etwas   1, 2
gelungen, was augenscheinlich den Gipfel der   1
Displaytechnologie darstellt: die Herstellung   1, 1
eines vollkommen transparenten Bildschirms,   1
auf dem einzelne Pixel wie von Zauberhand   1, 1
zum Strahlen gebracht werden können.   ?

c) Für das Wort **Strahlen**.

2 Nomensignale = unterstrichen
nominalisierte Wörter = gestrichelt

Beispiele:
Zu Beginn des 20. Jahrhunderts wurde in der Physik manches Neue entdeckt.
Jedes Experimentieren in der Chemie birgt eine gewisse Gefahr.
Wissenschaftler können durch Erforschen der menschlichen Gene neue Medikamente entwickeln.
Manchmal entdecken Forscher trotz ihres Eifers nichts Wichtiges.
In den 1940er Jahren wurden beim Erproben der Atombombe viele amerikanische Soldaten verstrahlt.
Computer sind zum Berechnen der Umlaufbahn von Planeten sehr nützlich.
Für viele Menschen ist das Spannende an der Raumfahrt

die Suche nach außerirdischem Leben.
In den 1950er Jahren galt eine Herztransplantation als etwas Schwieriges, wenn nicht sogar als unmöglich.

Seite 47

3 Nomensignale = unterstrichen.

übers Rechnen, fürs Zählen und fürs Überschlagen, zeigten, angeben, zählten, durch Überschlagen, erhielten, fehlten, verliefen, Beim Erfassen, verschob

4 Im Stau sind die Kleinen/~~kleinen~~ am ~~Größten~~/größten: Stauforscher haben herausgefunden, dass Ameisen sich auf ihren Straßen am ~~Besten~~/besten verhalten. Es gibt bei ihnen kein Drängeln/~~drängeln~~ und kein Zusammenstoßen/~~zusammenstoßen~~. Bei den Menschen dagegen gilt: „Jeder will der Erste/~~erste~~ sein."

Seite 48

5 Beispiel:

Lieber Robin,
am **Montagmorgen** begann die Schnupperwoche mit der Begrüßung durch den Rektor. Die erste Veranstaltung war dann **nachmittags** Experimente im Chemie-Labor. **Gestern Nachmittag** gab es eine Vorlesung über Kreativitätsforschung. Auch **heute Vormittag** finden wieder Experimente statt – im Grammatiklabor! Zum Grillfest auf den Uni-Wiesen kann man **heute Abend** kommen. Und **morgen** besuche ich am **Nachmittag** eine Vorlesung über nachtaktive Tiere und **nachts** eine Führung durch den Natur- und Umweltpark. Zum Abschluss gibt es am **Freitagvormittag** noch ein Frühstück in der Mensa.

Seite 49 – Teste dich!

1 b) 1 Satzanfänge schreibt man groß.   `8`
2 Nominalisierte Adjektive schreibt man groß.
3 Nominalisierte Verben schreibt man groß.
4 Bezeichnungen für Tageszeiten werden großgeschrieben, wenn sie Nomen sind.
5 Nominalisierte Verben schreibt man groß.
6 Nominalisierte Verben schreibt man groß.
7 Adjektive im Superlativ mit „am" werden kleingeschrieben.
8 Bezeichnungen für Tageszeiten werden kleingeschrieben, wenn sie Adverbien sind.

2 M/~~m~~ontagnachmittag, S/süß, ~~S~~/süß, B/bitter, ~~B~~/bitter,   `19`
E/erwartete, B/~~b~~itterste, B/~~b~~itterem, V/~~v~~erarbeiten,
E/erwartung, M/~~m~~ittwoch, ~~M~~/morgens, Z/~~z~~witschern,
V/~~v~~ersuche

Seite 50

1 Beispiele:
währenddessen, unterdessen, stattdessen
bestenfalls, anderenfalls, schlimmstenfalls
meinetwegen, seinetwegen, ihretwegen
keinmal, zweimal, manchmal
einigermaßen, gleichermaßen, zugegebenermaßen
einerseits, andererseits, meinerseits
genauso, sowieso, umso
klugerweise, schlauerweise, dummerweise

derzeit, jederzeit, zurzeit
beieinander, beisammen, beiseite
dergestalt, dermaßen, derlei
zuletzt, zueinander, zugleich

2 neuerdings, bestenfalls
Seinetwegen, bergeweise
Schlimmstenfalls

Seite 51

3 außer Stande sein/außerstande sein
im Stande sein/imstande sein
zu Stande kommen/zustande kommen
zu Stande bringen/zustande bringen
in Frage stellen/infrage stellen
in Frage kommen/infrage kommen
zu Grunde gehen/zugrunde gehen
zu Leide tun/zuleide tun
zu Hause sein/zuhause sein
zu Hause bleiben/zuhause bleiben
zu Mute sein/zumute sein
zu Schanden machen/zuschanden machen
zu Schulden kommen lassen/zuschulden kommen lassen
zu Tage fördern/zutage fördern
zu Tage treten/zutage treten
zu Wege bringen/zuwege bringen

4 1. Irgendwer wird irgendwann wieder irgendetwas Neues erfinden und dafür irgendeinen Preis gewinnen.
2. Irgendwoher ist das Phänomen gekommen, irgendwohin wird es wohl auch wieder entschwinden.
3. Irgendwie muss irgendeine Lösung für dieses Problem gefunden werden.
4. Wenn irgend möglich, sollte der chemische Abfall irgendwo anders deponiert werden.
5. Irgend so eine Forscherin behauptet noch immer das Gegenteil.

Seite 52

5 Sooft das Kontrolllämpchen ... – Heute leuchtete das Kontrolllämpchen so oft, ...
Das Haus, in dem ... – Indem regelmäßig ...
... dreimal in Folge ... – ... infolge des schlechten Wetters ...
Das Experiment wird so lange wiederholt, ... – Solange der Strom abgeschaltet ist, ...
Soweit wir es von hier aus ... – So weit war der Astronaut ...
„Ich habe einfach zu liebe Mitarbeiter!" – Ihr zuliebe hatten sich alle ...

6 a) aufgrund/auf Grund, zuungunsten/zu Ungunsten, mithilfe/mit Hilfe, vonseiten/von Seiten, zugunsten/zu Gunsten, zulasten/zu Lasten

Seite 53 – Teste dich!

1 derart, nahezu, ebenso, aus denen, irgendeine, sobald, sooft, irgendwelche, miteinander   9

2 A richtig, B falsch, C richtig, D falsch, E richtig   5

3 Falsch sind: zuhausebleiben, der ehre halber, zu gunsten, bekannter Weise, zumutesein, von seiten, mit hilfe   7

Seite 54

1 Biographie, Biografie: Lebensbeschreibung
Jogurt, Joghurt: durch Zersetzen von Bakterien gewonnene Dickmilch
Graphik, Grafik: Zeichnung
Portemonnaie, Portmonee: Geldbörse
substantiell, substanziell: wesenhaft, wesentlich
Spaghetti, Spagetti: lange, dünne Nudeln
Orthographie, Orthografie: Rechtschreibung
Necessaire, Nessessär: Beutel für Toiletten- oder Nähutensilien
Photographie, Fotografie: Lichtbild
Diktafon, Diktaphon: Tonbandgerät zum Diktieren
Fantasie, Phantasie: Einbildungskraft
Chicorée, Schikoree: ein Gemüse

Seite 55

1 a) Tank, Matte, falsch, Satz, stecken, Sommer, gelb, wetten, ritzen, sonnen, rund, Zucker, Wirt, Kappe, hocken, Punkt, nett, stolpern, Schnecke, Heck

b)

Wörter mit zwei oder mehr verschiedenen Konsonanten	Wörter mit Doppelkonsonanten	Sonderformen tz/ck
Tank, falsch, Satz, gelb, rund, Wirt, Punkt, stolpern	Matte, Sommer, wetten, sonnen, Kappe, nett	Satz, stecken, ritzen, Zucker, hocken, Schnecke, Heck

2 Schreck: erschrecken, schreckhaft; schrecklich, Schrecksekunde
Trick: tricksen, trickreich, Trickserei
Hitze: erhitzen, hitzig, erhitzt, Hitzkopf, Hitzewelle
Platz: platzieren, platzen, Platzangst
Strick: stricken, Strickmaschine, Strickleiter

3 direkt, verletzt, Tank (Tanz), perfekt, kurz, locken, Holz, Glück, Traktor, ganz, zurück, spicken, Fabrik, Diktat, Fleck, Matratze, dunkel, plötzlich, Herz, Jacke, Geschenk, krank, denken, Hecke (Hetze)

Seite 56

1 a) Velo-Taxifahren – eine Viecherei?
In vielen Städten Deutschlands sind neuerdings sehr flexible Fahrzeuge zu mieten – die Velo-Taxis. Über dieses zunächst vielfach als schockierend zurückgewiesene Fortbewegungsmittel wurde in der Öffentlichkeit vertieft diskutiert. Seine Betreiber wurden vielerorts als „moderne Sklaven" verspottet.
Politisch Interessierte betonen jedoch, man tue den Vehikeln Unrecht. Sie seien angesichts gigantisch gestiegener Benzinpreise die ideale Ergänzung zu Linien- und Individualverkehr.
So sieht dies offensichtlich auch der Fahrgast, der diverse Besichtigungstouren lieber vom Rad aus auf eine bequeme Weise intensiv genießt, als durch die verschmierten Scheiben traditioneller Verkehrsmittel schauen zu müssen.
Die Velo-Fahrer selbst lieben diesen Job und sind mit dem Verdienst zufrieden: Sie kassieren nicht schlecht, wenn sie Touristen auf diese Weise transportieren. Nicht selten hört man in hitzigen Krisenzeiten unter

den Velo-Kollegen den Satz: „Iss Vitamine, bewahre gute Miene, denn du sparst Benzin und auf alle Fälle den Beitrag fürs Fitnessstudio."

b)

ie	Fremdwörter mit einfachem i	Verben mit der Endung -ieren
Viecherei, vielen, mieten, die, dieses, vielfach, zurückgewiesene, vertieft, vielerorts, Sie, gestiegener, die, sieht, dies, lieber, genießt, die, Die, lieben, diesen, Verdienst, zufrieden, Sie, sie, diese, Miene	Taxifahren, flexible, Velo-Taxis, Politisch, Vehikeln, gigantisch, Benzinpreise, ideale, Linien- und Individualverkehr, diverse, intensiv, Krisenzeiten, Vitamine, Benzin	schockierend, diskutiert, Interessierte, verschmierten, kassieren, transportieren

2 Beispiele:

Die Stiele der Rosen hatten spitze Dornen.
Er hat sein Haus ganz im englischen Stil eingerichtet.

Die Melodie ihres Lieblingsliedes ging ihr den ganzen Tag nicht aus dem Kopf.
„Sie haben eine Entzündung am rechten Lid", stellte der Augenarzt fest.

Das Kind hatte hohes Fieber und hustete unentwegt.
Bei älteren Menschen sind die Fibern der Muskeln nicht mehr so elastisch.

Starke Enttäuschungen zeigen sich bei Menschen fast immer an einer traurigen Miene.
Die abgebrochene Bleistiftmine machte es dem Jungen unmöglich, seine Zeichnung fertig zu stellen.

Seite 57

3 Maschine, Akademie, trainieren, Fotografie, sondieren, probieren, Klavier, Harmonie, Praline

4 Auf der Suche nach reizvollen <u>Motiven</u> zum <u>Fotografieren</u> hatte uns die lange Wanderung am Fuße des Olymp viel <u>Energie</u> gekostet; deshalb freuten wir uns auf ein <u>Quartier</u> zum Ausruhen. Schon von Weitem hörten wir eine <u>Melodie</u>, die uns zielsicher zu einer Taverne führte. Fremde <u>Harmonien</u>, gespielt auf einer <u>Violine</u>, einer <u>Mandoline</u> und einem Akkordeon, weckten unsere Neugier. Wir nahmen Platz und sofort wurden uns kühles Wasser und frisches Brot <u>serviert</u>. Es kam uns vor, als ob die <u>Musik</u> der <u>Fantasie</u> der Spieler entspringen würde, aber nach längerem Zuhören merkten wir, dass ein Sänger mit unscheinbaren Kopf- und Handbewegungen der <u>Dirigent</u> war. Fasziniert von dem Können der Musiker, <u>spendierten</u> wir ihnen Getränke und es folgte ein langer Abend mit viel Freude an den <u>improvisierten</u> Liedern und der zauberhaften Atmosphäre.

Seite 58

1 b)

Kleinschreibung? Das ist kein Nomen.	kl
Lautprinzip	LP
Stammprinzip	StP
Fremdwort	F
s-Laut unklar?	S
Getrennt- und Zusammenschreibung	GuZ
Satzzeichen	Z

Seite 59

2 a) **Flohmarkt in Athen**

Zu einer Sightseeing-Tour in Athen gehört <u>zweifel los</u> auch ein Besuch des <u>specktakulären</u> Flohmarktes am Monastiraki-Platz. Seine Läden und Werkstätten sind in den Jahren des <u>Turismus</u> immer <u>Nobler</u> und moderner geworden. Rund um den Platz und in den angrenzenden Seitenstraßen spielt sich das bunte <u>nebeneinander</u> der Händler und ihres teilweise <u>skurielen</u> Warenangebotes ab, eine erstaunliche Mischung aus <u>alt</u> und <u>neu</u>. Es ist oftmals zum <u>schmunzeln</u>, was alles an Waren zum Vorschein kommt: alte <u>Medizienflaschen</u> und Blechdosen, <u>defeckte</u> <u>Gramophongeräte</u> und verbogene Schallplatten, vorsintflutliche Bettgestelle und andere <u>ab gelegte</u> Möbelstücke, aber auch <u>neuangefertigte</u> Häkeldecken und Matrosenanzüge.

GuZ zweifellos
F spektakulär
F Tourismus
kl nobler

N Nebeneinander; F skurrilen
N Alt und Neu
N Schmunzeln
F Medizinflaschen; F defekte
F Grammophon/Grammofon
GuZ abgelegte
GuZ neu angefertigte

b) Manchmal kann man sich über den <u>grentzenlosen</u> Kitsch <u>masslos</u> wundern und staunen, wie viele Menschen <u>unterschiethlicher</u> Nationalitäten hier in den <u>Sträschen</u> anzutreffen sind. Wenn man sich vorsichtig an <u>Häntlern</u> und Touristen <u>vorbeischlengelt</u> wird einem deutlich <u>das</u> dennoch eine erstaunlich <u>frietliche</u> Atmosphäre in dem Durcheinander <u>herscht</u>. Oft weiß man gar nicht, wo man sich genau befindet. Doch <u>schliesslich</u> sieht man sich mit einer Neuerwerbung unter dem Arm über einen der zahlreichen Plätze spazieren obwohl man sich <u>vieleicht</u> keinen Einkauf vorgenommen hatte. Bald verspürt man das dringende Bedürfnis eines der zahlreichen Kaffeehäuser aufzusuchen wo man den schwarzen Türkentrank aus winzigen <u>Tesschen</u> <u>schlüfen</u> kann.

StP grenzenlos (Grenze); S maßlos (langer Vokal)
StP unterschiedlicher (unterscheiden)
S Sträßchen (Straße, stimmloses s)
StP Händler (Handel); StP vorbeischlängelt (Schlange); Z vorbeischlängelt, (Komma trennt vorangestellten Konditionalsatz ab); Z deutlich, (Komma trennt nachgestellten dass-Satz ab); S dass (Konjunktion); StP friedlich (Frieden); StP herrscht (Herr); S schließlich (stimmloses s nach langem Vokal)
Z spazieren, obwohl (Komma trennt nachgestellten Konzessivsatz ab); LP vielleicht (viel-leicht)
Z Bedürfnis, eines ... aufzusuchen, wo ... (Komma trennt nachgestellten Infinitivsatz ab; Komma trennt nachgestellten Nebensatz ab); StP Tässchen (Tasse); LP schlürfen

2 b) Wenn man sich ... vorbeischlängelt, wird einem

— NS 1 — , — HS —

deutlich, dass ... herrscht.

— HS — NS 2 —

Doch schließlich ... spazieren, obwohl man ... vorge-

— HS — NS —

nommen hatte.

— NS —

Bald verspürt man ... Bedürfnis, eines der ... aufzu-

— HS — NS 1 —

suchen, wo man ... schlürfen kann.

NS 1 — , — NS 2 —

Seite 60 – Teste dich!

1 b) *Regeln:*   4
1. Nach betontem kurzem Vokal schreibt man außer bei einigen Fremdwörtern nicht verdoppeltes „k", sondern „ck".
2. Das lang gesprochene „i" wird im Regelfall „ie" geschrieben.
3. Hört man nach einem betonten, kurzen Vokal nur einen Konsonanten, wird er verdoppelt.
4. In Fremdwörtern wird das lange „i" im Wortinneren mit einfachem „i" geschrieben.

2 *Geweckt, ihn, zerrte, Blitzen, Donnern, Nussschale,*   14
presste, Koloss, schlief, Pazifik, Bestimmt, brüllend, spie,
Klippen

3 *Richtig sind: Kusine, Cousine – Doktor – Nugat, Nougat*   5

Seite 62

2 *D*

Seite 63

3 *gelbe Markierung: Schlüsselwörter*
Unterstreichung: unbekannter Begriff/Fremdwort
Zeichen: Fragen (?), wichtige Stelle (!)
Randnotizen: unbekannte Wörter, Fragen

4 *Mögliche unbekannte Begriffe:*
– *Konsument: jemand, der konsumiert; konsumieren: Verbrauchsgüter (besonders Genussmittel) verbrauchen*
– *demografisch: wirtschafts- und sozialpolitische Bevölkerungsbewegungen betreffend*
– *kollektiv: gemeinschaftlich, alle Beteiligten betreffend*
– *Drill: mechanisches Einüben von Fertigkeiten*
– *Sponsoring: finanzielle Unterstützung*
– *Kampagne: gemeinschaftliche Aktion für oder gegen etwas oder jemanden*
– *präsent: anwesend, gegenwärtig, vertreten*
– *virtuell: unecht, aber echt erscheinend (vom Computer erzeugt)*
– *offensiv: angreifend*
– *Konzern: Zusammenschluss von Unternehmen zu einer wirtschaftlichen Einheit*
– *Marketingmanager: zuständiger Leiter derjenigen Abteilung in einem Unternehmen, die den Markt beobachtet und die Förderung des Verkaufs (z.B. durch Werbung) betreibt*

6 *B*

7 *Lösung: vergleiche Lösung zu Aufgabe 4*

8 a) **Wörter aus dem Text:** *Werbeausgaben, Werbedruck, Werbetreibende, Werbeform, Werbemarkt*
weitere Wörter: *Werbeagentur, Werbeanzeige, Werbeblock, Werbeeinnahmen, Werbefotograf, Werbekampagne, Werbeplakat, Werbeprospekt, Werbesendung, Werbespot, Werbespruch*
b) *Kinder- und Jugend – marktforscher: Marktforscher: jemand, der den Konsummarkt beobachtet und erforscht*
Bildung – s – bürger – haushalt
Vermögen – s – entwicklung
Konsum – fixierung: Fixierung: emotionale Bindung an etwas oder jemanden
Familien – dramen: Drama: erschütterndes oder trauriges Geschehen; Schauspiel
Marketing – manager: Manager: mit weitgehender Entscheidungsbefugnis ausgestattete, leitende Persönlichkeit
Konsumenten – dasein
Kids – Verbraucher – analyse: Analyse: systematische Untersuchung

Seite 64

9 a) **Weglassprobe:**
Weil die Zahl der Konsumenten ~~wegen der demografischen Entwicklung~~ schrumpft ~~wie nie zuvor~~, ist es für alle Unternehmen eine Frage des Überlebens, weniger Kindern mehr zu verkaufen.
Ersatzprobe:
*Weil die Zahl der **Verbraucher sinkt,** ist es für alle **Firmen** eine **Überlebensfrage,** weniger Kindern mehr zu verkaufen.*
Umstellprobe:
Weniger Kindern mehr zu verkaufen, ist für alle Firmen eine Überlebensfrage, weil die Zahl der Verbraucher sinkt.
b) *A*

10 *A*

11 *Mögliche Schlüsselwörter:*
demografischen Entwicklung, weniger Kindern mehr zu verkaufen, Milliarden Euro, Kinderwerbung, Werbedruck, Werbung für Kinderprodukte, kindlicher und jugendlicher Lebenswelt, Computerspiel, Überfluss, mehr Spielzeug, als sie brauchen, Vermögensentwicklung, Konsum, wichtigen Quelle für den Selbstwert der Heranwachsenden, Pubertät, Konsumfixierung, Suche nach Selbstwert, Folgen, verschulden, Marken klauen, Wesen von Geld, nächste Stufe des Konsumentendaseins, Käufer, Vermögen, 6- bis 13-Jährigen, 5,6 Milliarden Euro, zwei Drittel, tun, was sie wollen

12

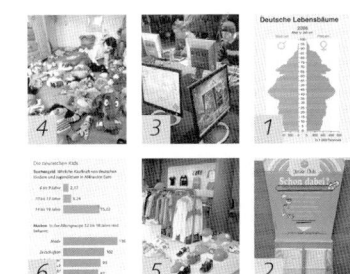

13 Weil die Zahl der Konsumenten zurückgeht, müssen die Unternehmen Kindern mehr verkaufen und diese stärker umwerben. Deshalb investieren sie etliche Milliarden Euro in die Werbung für Kinderprodukte. Sie nutzen vor allem die Medien wie z. B. Computerspiele als neuen Werbemarkt.
Viele Kinder leben im Überfluss. Sie besitzen mehr, als sie brauchen. Konsum ist für junge Menschen heute eine wichtige Grundlage für die Entwicklung von Selbstwertgefühl. Problematisch ist es aber, wenn Konsum als Ausweg aus Sorgen wie Armut, Streit in der Familie oder Schulproblemen gesehen würde und Jugendliche Schulden machen oder Konsumartikel stehlen.
Die 6- bis 13-Jährigen verfügen insgesamt über mehr als fünf Milliarden Euro und werden von den Unternehmen in der Werbung direkt angesprochen, denn fast zwei Drittel von ihnen dürfen ihr Geld selbst ausgeben.

Seite 65

1 Im ersten Teil des oberen Diagramms werden bei den 6- bis 9-Jährigen und den 10- bis 13-Jährigen jeweils vier Jahrgänge miteinander verglichen. Die Angabe zu den 14- bis 19-Jährigen hingegen umfasst sechs Jahrgänge. Also lassen sich nur die beiden ersten Angaben miteinander vergleichen.

2 Das Taschengeld von Kindern und Jugendlichen zwischen 6 und 19 Jahren beträgt zusammen 20,43 Milliarden Euro pro Jahr. Je älter die Jugendlichen sind, desto mehr Geld haben sie zur Verfügung.
Jugendliche kennen Marken in absteigender Reihenfolge wie folgt: Mode, Zeitschriften, Süßigkeiten/Knabbergebäck, Kosmetik/Styling und Getränke.

3 B

4 Diagramm oben – Text: Z. 63–65
Diagramm unten – Text: Z. 66–67

Seite 66

1 A Bericht
Begründung: Der Bericht bezieht sich nicht auf ein einzelnes Ereignis, sondern zeigt eine längerfristige Entwicklung auf (die zunehmende Ausrichtung der Unternehmen und ihrer Werbung auf konsumierende Kinder).

2 Weniger Kindern muss mehr verkauft werden.

3 a) So werde Konsum zu einer wichtigen Quelle für den Selbstwert der Heranwachsenden, sagt der Soziologe und Pädagoge Klaus Hurrelmann von der Universität Bielefeld. Das ist nicht prinzipiell gefährlich. „Aber die Kindheit und noch mehr die Pubertät sind sehr kritische Phasen, in denen es wichtig ist, ein gesundes Selbstbewusstsein zu entwickeln." Konsumfixierung könne da zum vermeintlichen Ausweg werden, wo Jugendliche „in finanziell bedrängten Verhältnissen aufwachsen, Familiendramen erleben oder in der Schule schlecht sind".
b) Konsumfixierung könne da zum vermeintlichen Ausweg werden, wo Jugendliche in finanziell bedrängten Verhältnissen aufwüchsen, Familiendramen erlebten oder in der Schule schlecht seien.

4 a) Also geben sie Milliarden Euro aus, – sachliche Feststellung
um sich im kindlichen Bewusstsein festzusetzen – Verb klingt negativ
– wer Böses denkt, könnte es – Ironie, Einschränkung durch Konjunktiv
Verführung Minderjähriger und – kriminelle Handlung kollektiven Geschmacksdrill nennen. – außergewöhnliche Zusammensetzung
b) B

Seite 67 – Teste dich!

1 A   1

2 B   1

3 A   1

4 Z. 15–Z. 25: Dafür werden Schulden gemacht   5
Z. 31–Z. 35: Die Kaufkraft der Jugendlichen
Z. 1–Z. 7: Verantwortung in punkto Taschengeld
Z. 26–Z. 30: Wenig Betroffene – aber in allen Schichten
Z. 8–Z. 14: Handy keine Schuldenfalle

Seite 69

2 a) + b) Beispiele: Z. 10–12: Die Eltern tauschen Informationen über ihre Tochter aus und machen sich Gedanken über sie.
Z. 54–55: Das Warten auf die Tochter ist vermutlich beendet.

3 Beispiele:
zur sprachlichen Gestaltung:
– Die nüchterne, einfach wirkende Sprache verdeutlicht die Starre und Leere im Leben der Eltern.
– Die wörtliche Rede weist auf die Kommunikationsstörung zwischen Mutter und Vater hin.
– Wörter wie „Plattenspieler" und „stenografieren" verdeutlichen, dass die Geschichte auf die 60er-Jahre bezogen ist.
zum Inhalt:
– Die Eltern sprechen fast nur über ihre Tochter.
– Sie reden aneinander vorbei.
– Monika arbeitet in der Stadt und wohnt bei ihren Eltern auf dem Land.

Seite 70

4 Richtig sind die Aussagen A und D.

5 b) Beispiel:
In der 1964 erschienenen Kurzgeschichte „Die Tochter" von Peter Bichsel geht es um die Beziehung von namentlich nicht näher gekennzeichneten Eltern zu ihrer erwachsenen, berufstätigen Tochter Monika.

Seite 71

6 b) Richtig sind die Aussagen B und C.

7 *Mögliche Ergebnisse:*

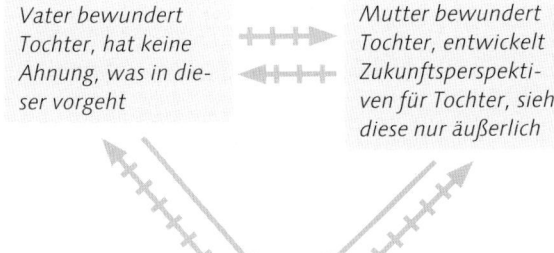

Vater bewundert Tochter, hat keine Ahnung, was in dieser vorgeht

Mutter bewundert Tochter, entwickelt Zukunftsperspektiven für Tochter, sieht diese nur äußerlich

Tochter möchte eigenes Leben führen, vermittelt den Eltern keine Einblicke in ihre Empfindungen

b) Beispiele:
mangelnde Kommunikation, Kälte, Entfremdung, sie leben nebeneinander her

Seite 72

8 *Mögliche Deutung:*
Die Kommunikation zwischen der Tochter und ihren Eltern ist gestört.
Die Tochter weiß vermutlich auf Fragen ihrer Eltern in Bezug auf ihre Lebenswelt nichts zu sagen, weil sie sich von ihren Eltern entfremdet hat. Die Eltern möchten mit dem gemeinsamen Abendessen ein Ritual aufrechterhalten, das über die unterschiedlichen Lebenswelten – die Eltern leben auf dem Land, die Tochter arbeitet in der Stadt – und die bevorstehende Trennung vom Elternhaus hinwegtäuschen soll.
Die Tochter sieht jedoch offenbar keine Chance, die Entfremdung durch Kommunikation zu überwinden.

9 *Die Antworten B, C und D treffen zu.*

11 *Beispiel für eine Inhaltsangabe:*
In der 1964 erschienenen Kurzgeschichte „Die Tochter" von Peter Bichsel geht es um die Beziehung von namentlich nicht näher gekennzeichneten Eltern zu ihrer erwachsenen, berufstätigen Tochter Monika.
Die Eltern warten wie jeden Tag am Abendbrottisch auf die Ankunft ihrer Tochter, die mit dem Zug aus der Stadt zurückkehren soll. Während die Eltern warten, unterhalten sie sich über das Äußere Monikas und über ihr Wohlverhalten. Die Gedanken der Eltern kreisen um die Zimmereinrichtung Monikas, ihre Arbeit im Büro und um die Gestaltung ihrer Mittagspause. Sie versuchen sich vorzustellen, welche Kontakte Monika zu anderen Menschen in der Stadt hat und welche Vorlieben sie kennzeichnen. Es beschäftigt sie die Frage, inwiefern sich ihr Leben mit dem Auszug Monikas ändern würde. Beide bewundern die Fähigkeiten ihrer Tochter und sie vergleichen ihr Verhalten mit dem anderer Personen. Monika wusste auf ihre Frage, was sie in der Stadt und im Büro erlebe, nichts zu sagen, daran erinnern die Eltern sich.
Das Gespräch der Eltern endet damit, dass die Mutter äußert, die Ankunft des Zuges gehört zu haben.
Die Kurzgeschichte verdeutlicht neben der Entfremdung zwischen der Tochter und ihren Eltern auch die Kommunikationsstörung der Ehepartner und deren Schwierigkeit, sich mit dem Ablösungsprozess ihrer Tochter auseinanderzusetzen.

Seite 73 – Teste dich!

2	*B*	1
3	*Ich-Erzählung*	1
4	*personal*	1
5	*A, B, D, F, G, H*	6
6	*B, C*	2

Seite 76

1 *Z. 29–49, 72–86, 111–126*

2 *Stauffachers Widersacher ist der Landvogt Geßler:*
– der jüngere Sohn seiner Familie, dadurch in seiner gesellschaftlichen Stellung nachrangig, kann kein Erbe erwarten, ist nur ein Ritter
– neidisch auf Stauffacher und die anderen freien Schweizer Bauern, missgönnt ihnen ihre Stellung und ihren Besitz
– geizig und gewalttätig

3 *Beispiel:*
So wie Stauffacher leiden auch die anderen Landleute in Schwyz sowie in Unterwalden und im Urner Land unter den Drangsalen, den Gewalttätigkeiten und dem Joch der Landvögte (Z. 90–99). Außer Geßler wird der „Landenberger" namentlich genannt (Z. 96). Stauffacher will sich in Uri an Walther Fürst und den Bannerherrn von Attinghaus wenden, die er auf seiner Seite weiß (Z. 152–159).

4 *a) der Kaiser*
b) Beispiel:
Gemeint ist der Kaiser des Heiligen Römischen Reiches Deutscher Nation, der der Schirmherr der Christenheit und der römischen Kirche war. Die Schweizer Landleute unterstanden unmittelbar dem Kaiser und hatten keinen weiteren Landesfürsten als Herrn.

5 *a) Beispiel:*
Stimmung am Anfang der Szene: *„kummervoll", bedrückt, belastendes Schweigen, bedrohliche Andeutungen, rat-/ausweglos, resigniert, negativ*
Stimmung am Ende der Szene: *Aufbruchstimmung, dynamisch, hoffnungsvoll, bewegt, ermutigt, konkrete Pläne, positiv*
b) Beispiel:
Die Stimmung wandelt sich von niedergeschlagen zu hoffnungsvoll und positiv.
Dieser Wandel wird durch Gertruds Gesprächsführung erreicht: Sie bringt ihren Mann zunächst dazu, mit ihr über sein/ihr Problem zu sprechen, danach ermutigt sie ihn dazu, sich dem Konflikt zu stellen und Verbündete zu suchen.

Seite 77

6 *a) Z. 12–24, 72–73, 131–132*
b) Beispiel:
Beruf, äußere Lebensumstände, Familienverhältnisse: *freier, wohlhabender Bauer (Pferde und Rinder), verheiratet mit Gertrud, Kinder (?), hat sich gerade ein neues, prächtiges Haus gebaut, lebt in Glück und Wohlstand*
Verhältnis zu den Mitmenschen: *liebt und schätzt seine Frau, sorgt sich um sie; kennt seine gesellschaftliche*

Stellung und verhält sich höher gestellten Personen gegenüber entsprechend; hat Vertraute und Freunde im Land; offenes Haus für Pilger und Wanderer
Einstellungen, Haltungen: *will Konflikte, Streit vermeiden; versucht, nicht zu provozieren; will seine Familie nicht mit seinen Sorgen belasten; will niemanden in Gefahr bringen – ein vorsichtiger und umsichtiger Mann, der nicht vorschnell handelt*
wichtige Erfahrungen: *die Begegnung mit dem Landvogt Geßler, bei der dieser ihm gedroht hat, etwas gegen ihn zu unternehmen – wahrscheinlich hat es schon mehrere solcher Begegnungen gegeben, oder Stauffacher hat auch von anderen Ähnliches erzählt bekommen*
Ängste, Sorgen und Sehnsüchte: *Angst vor Krieg und Verlust der Freiheit; Sorge, dass durch bewaffneten Widerstand den Menschen viel Unglück geschieht; Sehnsucht nach der Bewahrung von Freiheit, Frieden und Wohlstand*

7   *Beispiel:*
Herkunft, Familienverhältnisse und äußere Lebensumstände: *Tochter des edlen Iberg, mit Schwestern groß geworden, jetzt mit Werner Stauffacher verheiratet, lebt mit ihm glücklich auf einem großen Hof; Kinder (?)*
Einstellungen, Haltungen: *will der Gewalt der Landvögte durch Widerstand zuvorkommen; glaubt, dass man gemeinsam etwas erreichen kann; vertraut auf Gottes Hilfe; will sich nicht an irdisches Gut fesseln; will nach vorne und nicht zurückblicken*
wichtige Erfahrungen: *hat in ihrer Familie politisches Bewusstsein gelernt; hat aufmerksam ihren Mann und die Entwicklung im ganzen Land beobachtet*
Verhältnis zu ihrem Mann: *sehr aufmerksam ihm gegenüber, hat Gespür für seinen Kummer; berät ihn in schwieriger Lebenslage, hilft ihm, sich dem Problem zu stellen und nach Auswegen zu suchen*
Ängste, Sorgen und Sehnsüchte: *fürchtet wie Stauffacher um ihr familiäres Glück und um das ihrer Landsleute, befürchtet, dass es zu spät zum Handeln sein könnte, wenn man zu lange zögert, sich zu wehren*

Seite 78 – Teste dich!

1   *Richtig sind die Aussagen B, D, E, H.*   4

2   *vertrauensvoll, verständnisvoll, offen*   3

3   *B Geßler – B der Landenberger – A Gertrud –*   5
A Herr Walther Fürst – A der Bannerherr von Attinghaus

4   *1. Stauffacher befürchtet, dass der Besitz der*   3
Menschen (Vieh, Häuser) zerstört wird.
2. Er befürchtet, dass Kinder durch den Krieg umkommen werden.
3. Er befürchtet, dass Frauen misshandelt werden.

5   *1. Die Szene dient der Einführung und Vorstellung*   2
wichtiger Figuren (vor allem Stauffacher).
2. Sie dient außerdem der Darstellung und Anbahnung des Konflikts, der die Handlung des Stückes bestimmen wird.

Seite 79

1   *b) Dies ist der Originaltext von Eugen Gomringer:*

konstellationen für einen historiker

was wahr war
wird werden

wird was wahr war
werden

wird werden
was wahr war

wird wahr werden
was war

was war
wird wahr werden

was werden wird
war wahr

wahr werden wird
was war

Lernstandstest

Seite 81

1   *betrügen: falschspielen*
Wettkampf: Sport
Unterhaltung: Amüsement
Sucht: Zwang
gewinnen: verlieren
Strategie: Taktik
Wagnis: Risiko
Spaß: Ernst
schauspielern: vortäuschen
Pech: Glück
Schein: Sein
Zufall: Schicksal

Seite 82

2   *D*

3   *B*

Seite 83

4   *A falsch, B falsch, C richtig, D falsch, E richtig, F falsch*

5   *Jede der Skizzen A–C kann geeignet sein; D eignet sich nur bedingt. Wichtig ist die Begründung:*
A: Die Spieler sind Herrn Kurt überlegen. Sie sind als Gemeinschaft in der stärkeren Position und stehen so über ihm.
B: Herr Kurt ist den Spielern überlegen. Während die anderen mit ihrem Spiel beschäftigt und auf sich konzentriert sind, kann er sie beobachten: Er durchschaut vermutlich die Spielregeln, nach denen das Leben und die Gesellschaft funktionieren.
C: Herr Kurt steht außerhalb der Spielergemeinschaft. Die Spieler interessieren sich nicht für ihn und auch der

Wirt weiß nur sehr wenig über Herrn Kurt. So steht er auch außerhalb der Gesellschaft insgesamt.

D: *Herr Kurt erscheint hier als Teil der Spielergemeinschaft, was aus der Geschichte aber nicht hervorgeht. Eine zutreffende Begründung könnte allerdings sein, dass alle – sowohl Herr Kurt als auch die Spieler – nach ähnlich festen (Lebens-)Regeln und Routinen leben. In dieser Hinsicht bildeten sie dann eine Gemeinschaft.*

Seite 84

6 b) **Emina:** *Sie untersucht eher den vorletzten Satz. Auf die übertragene Bedeutung des Satzes hinsichtlich des Lebens allgemein geht sie nicht ein.*
Marc: *Er bezieht sich ausdrücklich auf den letzten Satz. Ihm gelingt es, die Aussage des Satzes vertiefend zu deuten, indem er über die Ebene der Handlung hinausgeht und die Spielregeln in größerem Zusammenhang sieht.*
Eva: *Sie bezieht sich zwar auf den letzten Satz, deutet ihn aber unangemessen, indem sie ihn nur auf das Kartenspiel bezieht. Dafür, dass die Spieler nur an das nächste Spiel denken, gibt es keinen Beleg in der Geschichte.*

7 *Die Titel B und D passen nicht, da Lustiges und Freude als Thema im Text keine Rolle spielen.*
Die Titel A und C können beide passen. Es kommt auf die Begründung an:
Zu A: Der letzte Satz der Kurzgeschichte bezieht sich nicht nur auf die Regeln des Kartenspiels, sondern auf das Leben insgesamt. Das (Zusammen-)Leben und Verhalten der Menschen verläuft ebenso wie das Spiel nach festgesetzten Regeln (vgl. auch Aufgabe 6).
Zu C: Herr Kurt steht außerhalb der Gesellschaft; am Spiel der anderen kann er nicht teilnehmen, er kann der Geselligkeit der anderen nur von außen zuschauen. Niemand interessiert sich für ihn, obwohl er jeden Tag denselben belebten Ort (Gaststätte) aufsucht. Er ist einsam in der Gesellschaft.

8 A: *Futur I*
B: *Präsens*

9 *C*

Seite 86

10 *D*

11 a) *C*
b) *Textstellen:*
„Und wenn ich zu Grunde gehe – ich muss mein Geld zurückgewinnen … setze!" (Z. 64 f.)
„Ach! und wenn es mein Leben kostet, setz noch einmal viertausend Gulden." (Z. 82 f.)

12 *A*

Seite 87

13 **Großtante:** *launisch, stolz, ungeduldig, spielsüchtig, misstrauisch*
Alexej Iwanowitsch: *gehorsam, ängstlich, vorsichtig*

14 **Tim:** *Tim behauptet, es handele sich um ein schlechtes Verhältnis wie zwischen Mutter und Sohn, ohne seine Behauptung am Text zu belegen. Er unterstellt stattdessen, dass es eine typische Beziehung sei, wie jeder sie kenne. Seine Deutung geht so am Text vorbei.*
Maria: *Maria schätzt das Verhalten der Figuren nicht richtig ein. Der Großtante geht es in ihrer Spielsucht um den eigenen Gewinn und nicht um ein aufregendes Leben, das sie dem Leben Alexejs gegenüberstellen will. Außerdem ist Alexej nicht „langweilig" und „nörgelig", sondern er erkennt die zwanghafte Spielsucht der Großtante und das Zufallsprinzip des Spiels.*
Moritz: *Moritz bietet eine überzeugende Lösung und belegt sie mit einem Zitat konkret am Text. Die Großtante will nicht an den Zufall des Spiels glauben, den Alexej in seiner Vorsicht richtig einschätzt, und kann dann nicht zu ihren eigenen Entscheidungen stehen.*

15 *A*
Beispiel für die Begründung:
Durch die immer stärker hervortretende Spielsucht der Großtante steigert sich die Spannung kontinuierlich. Der Textauszug endet auf dem Höhepunkt.

Seite 89

16 *1. Abschnitt: Vorurteile abbauen*
2. Abschnitt: Organisiertes Vergnügen
3. Abschnitt: Fremde Welten

17 *D*

18 *B*

19 *C*

Seite 90

20 *Den typischen Computerspieler stellt man sich als einsamen und abgestumpften Menschen vor. Die Ergebnisse der OECD-Studie zeigen jedoch das Gegenteil. Viele Spieler haben einen überdurchschnittlichen Bildungsgrad. Knapp die Hälfte der Computerspieler ist am Tagesgeschehen interessiert. Neben dem Computerspielen beschäftigen sich die Spieler auch mit Lesen und Musikhören; auffällig ist, dass sie aber relativ wenig fernsehen. Die Hälfte der Spieler treibt Sport. Dass Computerspieler nicht ungesellig sind, zeigt ihr Interesse am Online-Spiel, denn hier knüpfen sie Kontakte mit Gleichgesinnten.*

21 *Beispiele:*
Wie eine Gamer-Studie ergeben hat, ist jedoch das Gegenteil der Fall.
Damit man sich uneingeschränkt dem Spielvergnügen hingeben kann, ist es notwendig, Technik-Freak zu sein.
Bevor es Online-Spiele gab, konnte man „Teamplay" nur erleben, wenn man sich in heimischen Kellern traf.
Wenn man eine gefestigte Persönlichkeit ist, läuft man wohl kaum Gefahr, Realität mit Fiktion zu verwechseln.

17

Seite 91

22

	richtig	falsch
60 % der 13–19jährigen Jungen besitzen einen PC.	x	
24% der Computerspieler besitzen eine PlayStation 1.		x
Ein Viertel der Computerspieler ist zwischen 20 und 24 Jahre alt.	x	
Weniger als ein Fünftel der Computerspieler hat eine Hochschule, aber mehr als ein Drittel hat die höhere Schule besucht oder abgeschlossen.	x	
14 % der Bevölkerung besucht die Hochschule.		x
Unter den Computerspielern gibt es mehr Menschen, die nach der höheren Schule die Hochschule besuchen, als in der Gesamtbevölkerung.		x
Mehr als ein Drittel der Computerspieler ist zwischen 14 und 19 Jahre alt.	x	
Mit wachsendem Alter nimmt der Anteil der Computerspieler zu.		x

23 Die Spieler „verfügen über einen zumeist überdurchschnittlichen Bildungsgrad." (Z. 8 f.)
→ Diagramm 2: 14 % der Spieler besuchen die Hochschule, 37 % die höhere Schule.
„Die meisten spielen vor allem gern im Internet." (Z. 25 f.)
→ Diagramm 3: Computerspiele werden von 60 % auf dem PC gespielt.
„Nur zwei Prozent der Spieler sind weiblich." (Z. 44 f.)
→ Diagramm 1: 3,2 % der Spieler sind weiblich.

Seite 92

24 a) Computerspiele stehen oft in der Kritik. Das ist Ihnen sicher auch schon aufgefallen. Jugendliche, die im Internet spielen, werden als gefährdet angesehen. Erwachsene kennen sich in der Regel nicht so gut mit Computerspielen aus und glauben, dass sie schädlich seien. Man denkt, die Jugendlichen/die Spieler verlören den Bezug zur Wirklichkeit und könnten nicht mehr unterscheiden zwischen Realität und virtueller Computerwelt. Und man vermutet, sie würden davon einsam und abgestumpft.
Im Gegenteil hat die OECD-Studie, die 50 000 Teilnehmer befragt hat, herausgefunden, dass die Spieler einen hohen Bildungsgrad besitzen/haben und sich noch für andere Freizeitaktivitäten interessieren. Sie hören Musik und lesen. Außerdem treibt die Hälfte von ihnen Sport und sie sitzen eher selten vor dem Fernseher. Zwei Prozent der Online-Spieler sind Mädchen.
b) Dass die Spieler (A) am Bildschirm vereinsamen, stimmt so nicht: Viele knüpfen (W) beim Spielen im Internet Kontakte, besonders in virtuellen Rollenspielen, in denen es darum geht, gemeinsam im Team Strategien zu entwickeln (W). Man muss aber einräumen (A), dass die meisten (85 %) (sf) der Online-Spiele so genannte Ego-Shooter wie „Counter-Strike" (ungenau) sind.
Einige Vorurteile gegen (W) Computerspiele können also widerlegt (W) werden: Die Spieler (Bz) haben Gesellschaft. Man erlebt (Wdh) Abenteuer, findet (Wdh) einen Ausgleich zum Alltagsstress und empfindet Glücksgefühle, weil man im Spiel auch mal der Beste sein kann.

c) Eine Gefahr sind Computerspiele dann, wenn man zu sehr in die Irrealität des Spiels gerät und die Computerwelt nicht nur gelegentlich als Ausgleich zum Alltagsleben nutzt. Unsere Meinung ist: Man läuft nicht Gefahr, den Bezug zur Wirklichkeit zu verlieren, wenn man eine gefestigte Persönlichkeit hat. Und das gilt für die meisten von uns.

Seite 93

25 Noch vor ein paar Monaten hatte ich keinerlei Verständnis für Online-Zocker, die zwar leibhaftig vor dir sitzen, aber längst in virtuelle Spielwelten versunken sind. Statt gemeinsamer Aktivitäten wie Sport und echter Unterhaltung sitzen sie lieber tage- und nächtelang vereinsamt vorm Rechner. Aber eines Tages, bin ich auch aufs Ganze gegangen und habe es selbst probiert. Nach anfänglicher Skepsis bin ich total begeistert. Diese virtuelle Spielwelt mit ihrer lebensechten Grafik, ihren Herausforderungen an Geschicklichkeit, Gedächtnis und Geduld bietet wesentlich Interessanteres als das reale Leben. Außerdem musste ich beim Spielen mit meinem Vorurteil, der Vereinsamung, aufräumen: Online-Spieler bilden eine Gemeinschaft im virtuellen Raum.

Fehlerkategorien:
S-Schreibung: Verständnis (Nomensuffix -nis), Skepsis (Nomensuffix -sis), Außerdem (langer Doppellaut), musste (kurzer Vokal)
Groß- und Kleinschreibung: Aktivitäten (Nomen), Ganze (Nominalisierung), Interessanteres (Nominalisierung), Spielen (Nominalisierung),
Stammprinzip: längst (lang), Unterhaltung (halten), lebensechten (echt), Herausforderungen (her-aus), Gedächtnis (Gedanken, gedacht), aufräumen (Raum), Gemeinschaft (gemeinsam),
Kommasetzung: Online-Zocker, die (Komma vor Relativsatz), eines Tages bin ich (Satzglieder werden nicht durch Komma getrennt), Vorurteil der Vereinsamung (Satzglied, keine Apposition)

Seite 95

27 Hinweis: Deine Notizen auf Seite 95 sind eine Vorarbeit für deine Begründung. Sie werden nicht direkt ausgewertet, gehen aber als Aspekte in die Bewertung ein.
Bearbeite deinen Text nach folgendem Auswertungsraster. Notiere dir zu jedem Aspekt, den du erfüllt hast bzw. den du als gelungen bewertest, Punkte in der Spalte „erfüllt". Je nach Lösungsqualität kannst du die volle Punktzahl, nur Teilpunkte oder keine Punkte anrechnen.
Vielleicht kann dir eine Mitschülerin oder ein Mitschüler, die/der mehr Abstand zu deinem Text hat, bei der Beurteilung helfen.

Wesentlicher Aspekt der Aufgabe Du …	erfüllt	Punkte insgesamt
– nennst die Nummer des Bildes und machst Angaben zu seiner Machart (z.B. Gemälde, Zeichnung, Foto).		1
– beschreibst einzelne Figuren, ihr Verhalten und ihre Eigenschaften genauer und erklärst die Beziehung einzelner Figuren zueinander, (z.B.: 1: drei Beobachter, zwei Spieler, einer eher lässig zurückgelehnt, einer eher angespannt, unter Druck; 2: vier alte Damen konzentrieren sich auf das Spiel, achten nicht aufeinander, eine Beobachterin außerhalb; 3: drei Spieler, eine Bedienstete, offensichtlich wird falschgespielt, bedeutungsvolle Blicke; 4: drei aufs Spiel konzentrierte Spieler, ein Beobachter, der aber durch seine Stellung und Kleidung zu den Spielern gehören könnte; 5: zwei Spieler, die in ihrem Blick und Lachen aber auf (eine) andere beobachtende Figur(en) ausgerichtet sind, ihr Lachen wirkt ausgrenzend und nicht einladend).		3
– gehst darauf ein, welche Stimmung das Bild für dich hat (z.B. 1: locker, gelassen; 2: ruhig, konzentriert; 3: geheimnisvoll, spannend; 4: ruhig, friedlich; 5: komisch, aber auch aggressiv).		2
– nennst den Autor und den Titel der Kurzgeschichte.		1
– erklärst, was für dich das Thema der Geschichte ist (z.B.: Spielregeln des Lebens, Gleichförmigkeit des Lebens, wechselseitiges Desinteresse, Gleichgültigkeit, Einsamkeit).		2
– beschreibst die Figuren in der Geschichte, ihr Verhalten und ihre Beziehung zueinander (z.B.: Herrn Kurts beobachtende Position außerhalb der Spielergesellschaft, desinteressiertes Verhalten der Figuren zueinander bzw. gespieltes/aufgesetztes Interesse).		3
– erfasst die Stimmung in der Geschichte (z.B.: Traurigkeit, Nüchternheit).		1
– erklärst einleitend, warum du dich für das Bild entschieden hast.		2
– begründest deine Entscheidung mit den Figuren/dem Thema/der Stimmung des Bildes. Hier solltest du Bild und Geschichte in einem oder mehreren konkreten Aspekten miteinander vergleichen (z.B.: 2: Wie Herr Kurt in der Geschichte ist auf dem Bild eine Figur aus der Gemeinschaft der anderen ausgegrenzt. Eine Frau erscheint kaum sichtbar, klein in der linken oberen Bildecke. Sie beobachtet die Situation mit scharfem Blick und nimmt so ebenso wie Herr Kurt am Spielgeschehen teil).		4
– belegst deine Argumente mit Beispielen aus der Geschichte (Textbelege, z.B.: Außenseiterposition Herrn Kurts: Er „sagt nichts" (Z. 1, Z. 38); Herrn Kurts Wissen um die Regeln: Er „kennt das Spiel" (Z. 41); übergeordnete Bedeutung des Spiels als Zusammenleben der Menschen: „das Spiel hat ganz bestimmte Regeln" (Z. 47 f.).		2
– gliederst deine Begründung in gedankliche Einheiten (Einleitung mit Angaben zur Situation, zur Geschichte und zum Bild; Hauptteil mit der Argumentation und mit Beispielen; Schluss, z.B. Zusammenfassung, Schlussbemerkung).		3
– verwendest eher Satzgefüge (Haupt- und Nebensatz) als einfache Hauptsätze.		2
– verwendest verschiedene Konjunktionen (z.B. weil, wenn, obwohl, damit).		2
– nennst Gründe, warum du ein Bild auswählst; gehst auf die Aufgabenstellung/die vorgegebene Situation ein.		1
– argumentierst klar in eine Richtung, bleibst beim Thema, schweifst nicht ab.		2
– wirbst für deine Entscheidung.		1
– wählst einen übersichtlichen und verständlichen Satzbau.		2
– machst nur wenige grammatische Fehler.		2
– machst nur wenig Rechtschreib- und Zeichensetzungsfehler.		3
– setzt Absätze, wenn ein neuer Sinnabschnitt beginnt.		1
Gesamtpunktzahl		40

Kategorien (linke Spalte): Inhalt/Ideen · Aufbau/Schreibstil · Adressatenbezug · Schreibregeln

19

Punkteverteilung

Nr.	Aufgabenstellung	Punkte
	Einstieg: Nachdenken über Sprache	**6** (je ½ Punkt für jeden ergänzten Begriff)
A 1	Literarische Texte verstehen	**20**
2	Multiple Choice	1 Punkt für das richtig gesetzte Kreuz
3	Multiple Choice	2 Punkte für das richtig gesetzte Kreuz
4	Richtig – Falsch	3 (je ½ Punkt für das richtig gesetzte Kreuz)
5	Schaubild (Beziehung)	4 (für die Begründung)
6	Drei Textanalysen	4 (für die Begründung)
7	Textsammlung	6 (für die Begründung)
B 1	Nachdenken über Sprache	**4**
8	Tempus	2 (je 1 Punkt für die richtige Tempusform)
9	Konjunktiv	2 Punkte für das richtig gesetzte Kreuz
A 2	Literarische Texte verstehen	**20**
10	Multiple Choice	1 Punkt für das richtig gesetzte Kreuz
11	Multiple Choice, Begründung	3 (1 für die richtige Antwort, 2 für die Begründung)
12	Multiple Choice	1 Punkt für das richtig gesetzte Kreuz
13	Eigenschaften	4 (je ½ Punkt für das richtig gesetzte Kreuz)
14	Schülerkommentare	8 (für die Begründung)
15	Grafik: Spannungsverlauf	3 (1 für die richtige Antwort, 2 für die Begründung)
A 3	Sachtexte verstehen	**20**
16	Zuordnung: Überschriften	3 (je 1 für die richtige Zuordnung)
17	Multiple Choice	2 Punkte für das richtig gesetzte Kreuz
18	Multiple Choice	2 Punkte für das richtig gesetzte Kreuz
19	Multiple Choice	2 Punkte für das richtig gesetzte Kreuz
20	Lückentext	7 (je ½ Punkt für das richtig eingesetzte Wort)
21	Nebensätze	4 (je 1 Punkt für ein richtig umformuliertes Satzglied)
A 4	Grafiken verstehen	**10**
22	Richtig – Falsch	4 (je ½ Punkt für das richtig gesetzte Kreuz)
23	Text-Grafik-Vergleich	6 (je 1 für die richtige Textstelle und für die Grafik)
B 2	Nachdenken über Sprache	**16**
24 a	Textüberarbeitung	5 (je überarbeiteten Fehler: ½ Punkt)
24 b	Fehler benennen	5 (je benannten Fehler: ½ Punkt)
24 c	Textüberarbeitung	6 (je überarbeiteten Fehler: 1 Punkt)
C	Rechtschreibung	**10**
25	Website-Forum	10 (je entdeckten Fehler: ½ Punkt)
D	Schreiben	**40**
26	Argumentation (Bild)	40 (Verteilung: siehe Hinweise im Lösungsteil)
	Summe	**146**

Punkteverteilung insgesamt auf die Bereiche

A	Texte und Grafiken verstehen	70
B, C	Nachdenken über Sprache, Rechtschreibung	36
D	Schreiben	40

Bewertungsschlüssel

Textverstehen	70–51 Punkte	50–31 Punkte	30–0 Punkte
Nachdenken über Sprache	36–27 Punkte	26–17 Punkte	16–0 Punkte
Schreiben	40–30 Punkte	29–19 Punkte	18–0 Punkte
	Du löst die Aufgaben hervorragend.	Einiges gelingt dir recht gut, manches musst du aber noch einmal üben.	Du musst vieles wiederholen und noch einmal gründlich üben.
	Vielleicht siehst du dir aber trotzdem noch einmal die Stellen an, an denen du dich noch verbessern kannst.	Versuche, anhand des Testes Fehlerschwerpunkte zu entdecken, damit du gezielt wiederholen kannst.	Vielleicht überlegst du auch gemeinsam mit deinen Eltern oder deinem Lehrer/deiner Lehrerin, wo besondere Fehlerschwerpunkte liegen und wie du vorgehen kannst, um dich zu verbessern.
Gesamt	146–109 Punkte	108–71 Punkte	70–0 Punkte

P934416